AF592432

ARRÊTÉ

DES

CONSULS DE LA RÉPUBLIQUE,

CONTENANT

RÈGLEMENT

SUR L'ADMINISTRATION ET LA COMPTABILITÉ

DES CORPS.

Du 8 Floréal an VIII.

A PARIS,
DE L'IMPRIMERIE DE LA RÉPUBLIQUE.
AN VIII.

TABLE DES ARTICLES

Contenus dans le présent Reglement.

TITRE I.er

Formation et fonctions du Conseil d'administration.

TITRE II.

De l'Ordre à suivre dans l'administration, et des Registres à tenir.

TITRE III.

De la Solde.

TITRE IV.

Des Masses.

Masse d'entretien.

Habillement et équipement de l'homme et du cheval.

Armement.

Articles. *Pages.*

TITRE V.

Détails d'Administration intérieure des Compagnies.

TITRE VI.

Des Distributions.

TITRE VII.

Clôture de la Comptabilité.

Articles. Pages.

TITRE VIII.

De l'ordre à observer dans l'Administration intérieure, en cas de division d'un corps par la séparation d'un bataillon ou d'un simple détachement.

Séparation d'un bataillon ou escadron, à une distance hors du territoire de la République.

Séparation d'un bataillon ou escadron dans l'intérieur.

Détachemens commandés pour tenir garnison sur les vaisseaux de l'État.

Détachement laissé à terre par un corps embarqué.

FIN DE LA TABLE.

ARRÊTÉ

ARRÊTÉ

DES

CONSULS DE LA RÉPUBLIQUE,

Contenant Règlement sur l'administration et la comptabilité des Corps.

Du 8 Floréal, an 8 de la République française, une et indivisible.

LES CONSULS DE LA RÉPUBLIQUE, sur le rapport du Ministre de la guerre; le Conseil d'état entendu, ARRÊTENT ce qui suit :

TITRE I.er

Formation et Fonctions du CONSEIL D'ADMINISTRATION.

ARTICLE 1.er

TOUS les détails relatifs à l'administration intérieure de chaque corps d'infanterie et de troupes à cheval, seront confiés à un conseil d'administration, qui sera spécialement chargé de diriger, conformément aux règles ci-après établies, l'emploi des fonds destinés à la solde et à l'entretien de la troupe.

Établissement d'un conseil d'administration.

2.

Le conseil d'administration des corps de toute arme, sera composé ainsi qu'il suit :

Dans chaque demi-brigade d'infanterie de ligne ou légère,

Du chef de brigade,
De trois capitaines,
D'un lieutenant,
D'un sous-lieutenant,
Et d'un sous-officier.

TOTAL... sept.

Dans chaque demi-brigade de vétérans nationaux,

Du chef de brigade,
De trois capitaines,
De trois lieutenans.

TOTAL.... sept.

Dans chaque régiment de troupes à cheval de trois escadrons,

Du chef de brigade,
De deux capitaines,
D'un lieutenant,
Et d'un sous-officier.

TOTAL.... cinq.

Il y aura un capitaine et un sous-lieutenant de plus dans chaque régiment de quatre escadrons.

TOTAL.... sept.

Dans chaque régiment d'artillerie, tant à pied qu'à cheval,

Du chef de brigade,
De trois capitaines,
D'un lieutenant en premier,
D'un lieutenant en second,
Et d'un sous-officier.

TOTAL.... sept.

Dans chaque bataillon de sapeurs et pontonniers,

Du directeur ou de l'officier le plus élevé en grade, de l'artillerie ou du génie, résidant dans la place, suivant l'arme à laquelle appartient le corps,
Du chef de bataillon,
D'un capitaine en premier,
D'un lieutenant,
Et d'un sous-officier.

TOTAL.... cinq.

En cas d'absence du directeur ou de l'officier résidant dans la place, il sera remplacé par un capitaine.

Dans chaque compagnie d'ouvriers et mineurs,

Du directeur ou de l'officier le plus élevé en grade, de l'artillerie ou du génie, résidant dans la place, suivant l'arme à laquelle appartient la compagnie,
Du capitaine en premier,
Et d'un sous-officier.

TOTAL.... trois.

En cas d'absence du directeur ou de l'officier résidant dans la place, il sera remplacé par un lieutenant en premier.

Dans chaque bataillon du train d'artillerie,

Du capitaine,

Du lieutenant,

Et du maréchal-des-logis, le plus ancien.

Total.... trois.

Dans l'infanterie de ligne ou légère, chaque bataillon fournira le capitaine le plus ancien de ce grade.

Dans les demi-brigades de vétérans nationaux, les capitaines et lieutenans seront pris, à tour de rôle, dans les bataillons, et toujours parmi ceux de première classe, de manière qu'il y ait toujours dans le conseil un capitaine et un lieutenant de chaque bataillon.

En cas d'absence du chef de brigade, il sera remplacé par le plus ancien chef de bataillon.

Les capitaines et lieutenans seront remplacés, en cas d'absence, par les plus anciens de même grade et de même classe dans chaque bataillon.

Dans chaque bataillon de sapeurs et de pontonniers, les capitaines seront pris par ancienneté sur tout le corps.

Le lieutenant, le sous-lieutenant et le sous-officier, seront les plus anciens de ces grades dans les trois bataillons, savoir, le lieutenant dans le premier bataillon, le sous-lieutenant dans le deuxième, et le sous-officier dans le troisième.

En cas d'absence d'un des membres du conseil, il sera remplacé par celui qui le suivra immédiatement dans le même bataillon.

Le capitaine, le lieutenant et le sous-officier, dans chaque bataillon de sapeurs et de pontonniers, seront les plus anciens de ce grade; et en cas d'absence de l'un d'eux, il sera remplacé par celui qui le suivra immédiatement.

Dans chaque régiment de troupes à cheval à trois escadrons, les capitaines seront les plus anciens de ce grade; le lieutenant sera le plus ancien de ce grade dans l'escadron qui n'aura pas fourni de capitaine, et le sous-officier sera le plus ancien sous-officier du corps.

En cas d'absence d'un de ces membres, il sera remplacé par celui qui le suivra immédiatement dans l'escadron, ou dans le corps, si c'est le sous-officier.

Dans chaque régiment de troupes à cheval à quatre escadrons, les capitaines seront également les plus anciens de ce grade; le lieutenant, comme il est dit ci-dessus, le sous-lieutenant et le sous-officier seront les plus anciens, chacun dans leur grade, sur tout le corps.

En cas d'absence d'un de ces membres, le remplacement s'en fera comme il vient d'être prescrit pour les régimens à trois escadrons.

Dans chaque régiment d'artillerie, tant à pied qu'à cheval, les capitaines seront les plus anciens dans ce grade; le lieutenant en premier, le lieutenant en second et le sous-officier, seront les plus anciens sur tout le corps, dans chacun de ces grades.

En cas d'absence, les uns et les autres seront remplacés par ceux qui les suivront immédiatement.

Dans chaque compagnie d'ouvriers et de mineurs, le sous-officier sera le plus ancien de ce grade.

En cas d'absence d'un des membres, il sera remplacé par celui qui le suivra immédiatement.

3.

Renouvellement du conseil.

Cette première formation étant faite, les conseils d'administration seront renouvelés tous les ans, aussitôt après la clôture de la revue de l'inspecteur général, de manière que la gestion du conseil remplacé embrasse l'année entière.

Le commandant du corps sera toujours membre du conseil.

Les trois plus anciens capitaines de chaque bataillon dans les demi-brigades d'infanterie de ligne et légère, rouleront entre eux, pour être alternativement, en suivant l'ordre d'ancienneté, membres du conseil d'administration, chacun pendant une année.

Les bataillons fourniront alternativement le lieutenant, le sous-lieutenant et le sous-officier.

Dans les demi-brigades de vétérans nationaux, les capitaines de première classe rouleront entre eux dans chaque bataillon, et ne seront remplacés par ceux de la seconde classe, que dans le cas d'absence ou de maladie de tous ceux de première.

Il en sera de même des lieutenans de première classe.

Dans les régimens de troupes à cheval à trois escadrons, les quatre plus anciens capitaines, et les six plus anciens dans ceux à quatre escadrons, rouleront entre eux pour être alternativement, suivant l'ordre de leur ancienneté, membres du conseil d'administration.

Le lieutenant continuera toujours d'être pris dans l'escadron qui n'aura pas fourni de capitaine.

Les deux plus anciens sous-lieutenans et sous-officiers rouleront dans chaque grade, pour être alternativement membres du conseil.

Dans les régimens d'artillerie à pied, les six premiers capitaines rouleront, pour être alternativement membres du conseil.

Dans

Dans les régimens d'artillerie à cheval, les six capitaines rouleront entre eux.

Dans les régimens d'artillerie, tant à pied qu'à cheval, les deux plus anciens lieutenans en premier et en second, et les deux plus anciens sous-officiers de chaque corps, rouleront de même entre eux.

Dans les bataillons de sapeurs et pontonniers, les deux plus anciens capitaines, lieutenans et sous-lieutenans, rouleront ensemble, pour être alternativement membres dudit conseil.

Dans les compagnies d'ouvriers et mineurs, et dans les bataillons du train d'artillerie, les membres du conseil ne seront point renouvelés.

Au moyen de ces dispositions, les membres du conseil d'administration des demi-brigades d'infanterie de ligne et légère, et des vétérans nationaux, le chef de brigade excepté, ne pourront rentrer au conseil, que deux ans après qu'ils en seront sortis.

Dans les corps à cheval, les régimens d'artillerie et les bataillons de sapeurs et pontonniers, ils y rentreront après un an d'intervalle.

4.

Par qui le conseil sera présidé.

Le chef de brigade, dans les corps de toute arme, présidera le conseil d'administration; et en son absence, le conseil sera présidé par l'officier qui lui succédera dans le commandement.

Dans les bataillons de sapeurs et de pontonniers, et dans les compagnies de mineurs et d'ouvriers, le conseil sera présidé par l'officier du grade le plus élevé.

5.

Fonctions de secrétaire du conseil.

Le quartier-maître, ou, en son absence, l'officier que le conseil aura choisi pour le suppléer, remplira les fonctions de secrétaire du conseil.

Il n'aura point voix délibérative, et sera chargé simplement d'écrire les délibérations sur le registre qui sera établi ci-après, et de fournir au conseil tous les éclaircissemens dont il aura besoin.

6.

Forme des délibérations.

Tous les membres du conseil auront voix délibérative. Les moins avancés en grade, et, dans chaque grade, les moins anciens, opineront les premiers; la pluralité l'emportera; et les membres qui seront d'un avis différent, auront la liberté d'inscrire eux-mêmes sur le registre, les motifs qui auront déterminé leur opinion.

7.

Époque des assemblées.

Le conseil s'assemblera régulièrement une fois par décade, et extraordinairement toutes les fois que le commandant du corps ou l'inspecteur le jugeront nécessaire.

Les assemblées se tiendront chez l'officier qui devra présider le conseil, et lui seul aura le droit de le convoquer, et d'en fixer le jour et l'heure.

Le quartier-maître inscrira en tête du procès-verbal de chaque séance, le nom des membres du conseil présens; en cas d'absence de l'un d'eux, celui du remplaçant, et les motifs de l'absence.

Nul ne sera introduit dans la salle des séances, et pendant leur durée, que les membres du conseil, les personnes appelées par lui, et les citoyens ou militaires qui prétendront avoir à dénoncer des abus, à porter des plaintes, ou faire des réclamations relatives à l'un des objets confiés au conseil.

Le conseil sera tenu de faire mention sur son registre, des abus, plaintes ou réclamations susdits, et de prononcer sur chaque objet, dans la même séance, ou dans celle qui la suivra immédiatement.

8.

Entrée de l'inspecteur au conseil.

La comptabilité des corps devant être arrêtée tous les trois mois, l'inspecteur fera convoquer le conseil d'administration à cette époque, pour procéder à ladite opération, en la manière qui sera expliquée dans le présent réglement.

Il entrera pareillement aux séances ordinaires du conseil, toutes les fois qu'il le jugera nécessaire, pour lui communiquer quelque objet relatif au bien du service, ou prendre connaissance de la situation de la caisse.

9.

Rangs et séances au conseil.

Le chef de brigade, ou, en son absence, l'officier qui présidera, prendra la première place, et les autres membres se rangeront alternativement à sa droite et à sa gauche, suivant leur grade ou leur rang d'ancienneté.

Le quartier-maître sera vis-à-vis du président.

Lorsque l'inspecteur assistera au conseil, il occupera la première place.

10.

Registre général des délibérations.

Il sera tenu par le conseil d'administration, un registre conforme au modèle A, joint au présent réglement. Ce registre sera coté et paraphé par l'inspecteur, pour servir à l'enregistrement, par ordre de dates, de toutes les délibérations qui seront prises par le conseil, et à la transcription des arrêtés des autres registres, qui auront lieu tous les trois mois, en sorte qu'il réunisse tous les résultats de la comptabilité.

Ce registre sera lui-même arrêté provisoirement, tous les trois mois, par l'inspecteur chargé de la revue du corps, et définitivement tous les ans par l'inspecteur général.

11.

Les objets à mettre en délibération, par qui proposés.

Les objets à mettre en délibération dans les assemblées, seront proposés par l'officier qui présidera. Tous les membres du conseil auront néanmoins le droit de faire, pour le bien de l'administration, toutes les propositions qu'ils jugeront convenables. Elles seront aussitôt inscrites sur le registre, et mises en délibération par le président : le conseil pourra les ajourner, les modifier ou les rejeter ; mais il est tenu de délibérer sur chacune d'elles, séance tenante, ainsi que sur toutes celles qui seront présentées par le président.

Dans le cas où le chef du corps croira que la délibération du conseil est contraire au bien du service, ou à l'intérêt particulier du corps qu'il commande, il pourra la déférer à l'inspecteur aux revues, qui prononcera, s'il y a lieu, ou renverra la question à l'inspecteur général, pour la soumettre au ministre.

12.

Officiers nommés par le conseil, pour suivre les différens détails.

Le conseil chargera des différens détails relatifs à l'administration intérieure du corps, les officiers qu'il jugera le plus en état de les bien remplir, et il en sera fait mention sur le registre général des délibérations.

Les officiers choisis par le conseil ne pourront se refuser de donner leurs soins aux détails qui leur auront été confiés, ni se dispenser, sous aucun prétexte, d'obéir aux ordres du conseil, qui leur seront transmis par écrit, par le secrétaire, en forme d'extrait du registre.

L'expédition des délibérations ainsi signée du secrétaire, servira aux officiers chargés des différens détails, de l'autorisation nécessaire pour traiter avec les fournisseurs ; mais, dans tous les cas, les marchés ne seront valables, qu'autant qu'ils auront été ratifiés par le conseil.

13.

Aucun officier supérieur ne pourra être chargé d'achats.

Les officiers supérieurs, les membres du conseil d'administration et le quartier-maître, ne pourront, sous quelque prétexte que ce soit, faire des achats, ni conclure aucun marché.

14.

Les fonctions du conseil bornées aux détails de l'administration.

Le conseil n'étant établi que pour la direction et la surveillance des détails relatifs à la solde, aux masses, et à la comptabilité qui en est la suite, il ne pourra, sous aucun prétexte, s'immiscer dans ce qui concerne le service, la police et la discipline, qui demeureront sous l'autorité immédiate et exclusive du commandant du corps.

Celui-ci, de son côté, ne pourra rien déterminer seul de ce qui est de la compétence du conseil, ni rien changer aux déterminations que le conseil aura prises.

TITRE II.

De l'ORDRE à suivre dans l'administration, et des REGISTRES à tenir.

ARTICLE 1.er

Situation de la caisse et des effets de tout genre, préalablement constatée.

A L'ÉPOQUE où le présent réglement sera mis à exécution dans chaque corps, la première opération du conseil d'administration sera de constater l'état de la caisse, de s'assurer de sa situation active et passive, et d'en dresser un bordereau, qui sera signé de tous les membres du conseil, pour les résultats en être portés sur-le-champ sur les nouveaux registres, suivant leur destination respective.

Le conseil arrêtera en même temps la situation, à la même époque, de l'habillement, armement et équipement, tant de l'homme que du cheval, selon les différentes armes, et celle des magasins affectés à chaque partie; et il en sera dressé pareillement un état ou bordereau.

Cette opération se fera en présence de l'inspecteur aux revues, s'il est sur les lieux, et il en signera les bordereaux: s'il est absent, copie lui en sera adressée, pour qu'il puisse, à sa première inspection, en vérifier le contenu.

2.

Registre de caisse.

Le registre de caisse sera tenu conformément au modèle B, et sera destiné à enregistrer, date par date, toutes les recettes en deniers provenant de la solde et des masses, et toutes les dépenses qui les concerneront, en distinguant, dans ces dernières, les sommes données en à-compte au quartier-maître, d'avec celles dont il aura justifié l'emploi.

Ce registre étant la base de la comptabilité du conseil d'administration, il sera déposé dans la caisse, et vérifié et arrêté par le conseil, aussi souvent qu'il le jugera convenable.

Indépendamment de ces vérifications, ledit registre sera provisoirement arrêté

arrêté tous les trois mois, avec récapitulation et état de situation, suivant le modèle, et définitivement tous les ans, ainsi que le registre des délibérations.

Au surplus, ce registre ne doit jamais sortir de la caisse déposée chez le commandant du corps, que pour le moment où il y sera fait des enregistremens.

3.

Caisse à trois serrures.

Toutes les sommes appartenant au corps, tant en deniers qu'en effets actifs, le registre de caisse, et les papiers essentiels à conserver, continueront d'être enfermés dans une caisse à trois serrures, laquelle sera déposée chez le commandant du corps.

Des trois clefs, il en demeurera une entre les mains du commandant, une en celles du premier capitaine membre du conseil, et la troisième en celles du quartier-maître.

Ces trois officiers seront solidairement responsables des fonds déposés dans la caisse, dont il ne doit jamais rien sortir, sans une délibération expresse du conseil d'administration.

4.

Récépissés d'à-compte et quittances finales signés de tous les membres du conseil.

Il ne pourra être délivré aucune somme au quartier-maître par le payeur de la guerre, soit par forme d'à-compte, soit pour décompte final, que sur des récépissés ou quittances signés de tous les membres du conseil d'administration.

Tous les récépissés ou quittances qui ne seraient pas revêtus de ces signatures, demeureront pour le compte du payeur.

Indépendamment de ces récépissés, le quartier-maître sera muni d'un livret, coté et paraphé par l'inspecteur, sur lequel toutes les sommes qu'il recevra du payeur de la guerre seront inscrites exactement par ledit payeur.

5.

Sommes remises dans la caisse, enregistrées à mesure.

Les sommes provenant du payeur de la guerre, soit par à-compte sur la solde et les masses, soit pour solde de décompte, seront déposées dans la caisse en présence des officiers chargés des clefs, et l'enregistrement en sera fait sur-le-champ par le quartier-maître, sur le registre de caisse.

Il en sera de même de toutes les recettes particulières qui auraient été faites par le quartier-maître, dans l'intervalle d'un conseil à l'autre, la recette du quartier-maître ne devant jamais être composée que des sommes qui lui seront remises directement par le conseil d'administration, conformément à ce qui est prescrit par l'article suivant.

6.

À-compte remis au quartier-maître.

Le quartier-maître recevra du conseil d'administration, le premier de chaque décade, la somme à-peu-près nécessaire pour les dépenses de la solde et des masses pendant la décade. Ces différentes sommes formeront la première colonne de dépense du registre de caisse, et la colonne de recette du journal général du quartier-maître.

Les membres du conseil d'administration seront solidairement responsables de toute somme excédant les bornes des besoins courans, qu'ils auraient fait remettre au quartier-maître, ou qu'ils auraient laissée entre ses mains.

7.

Défense à lui de disposer des fonds.

Le quartier-maître ne fera aucun paiement à des fournisseurs et n'enverra aucun à-compte aux officiers ou sous-officiers détachés, sans l'autorisation positive du conseil d'administration, laquelle sera inscrite sur le registre des délibérations.

Il sera personnellement responsable de tout paiement non autorisé par le conseil, et en outre puni militairement comme ayant contrevenu aux dispositions des lois.

8.

Défense au conseil d'administration d'autoriser aucune avance contre la teneur du réglement.

Il est pareillement défendu aux membres du conseil d'administration, de prendre aucune délibération pour accorder des avances à quelques individus que ce soit, officiers, fournisseurs ou autres, sinon dans les cas où ils y sont formellement autorisés par le présent réglement, à peine d'en être solidairement responsables, et d'être même punis suivant la rigueur des lois militaires, pour contravention aux réglemens.

9.

Recettes et dépenses de ce registre, comment justifiées.

Les recettes du registre de caisse seront justifiées, 1.° par le montant des décomptes au bas des revues; 2.° par le certificat des capitaines, constatant le produit de la vente des effets de linge et chaussure des hommes morts ou désertés dans leurs compagnies; et 3.° dans les troupes à cheval, par le certificat de la vente des fumiers, délivré par le fonctionnaire public en présence de qui la vente aura été faite.

Les dépenses seront justifiées par les détails énoncés au registre-journal du quartier-maître, et par les pièces à leur appui.

10.

Registre-journal général.

Le quartier-maître tiendra de son côté un registre intitulé *Journal général*, suivant le modèle C, sur lequel il portera, jour par jour, toutes les recettes et dépenses, de quelque nature qu'elles puissent être.

Sa recette ne sera composée que des à-comptes qui lui auront été remis par le conseil, et la dépense le sera de toutes les sommes dont il aura fait emploi en vertu des ordres que le conseil lui aura donnés.

11.

Division de ce registre.

Ce registre étant destiné à réunir toutes les dépenses de l'administration, il est nécessaire néanmoins qu'elles n'y soient pas confondues, afin qu'on puisse en tout temps s'en procurer facilement le résultat.

A cet effet, indépendamment des colonnes nécessaires pour la transcription des détails de la recette et de la dépense, et pour l'enregistrement des sommes qui en seront l'objet, le registre sera partagé en autant de colonnes qu'il y a de différentes natures de dépenses, et le quartier-maître aura soin de porter chaque somme à mesure sur la colonne à laquelle la dépense appartiendra.

Ce registre sera vérifié tous les mois par le conseil d'administration, et arrêté tous les trois mois, avec récapitulation, par l'inspecteur chargé de la revue, et définitivement tous les ans par l'inspecteur général.

12.

Pièces justificatives du journal général.

Les recettes de ce registre seront justifiées par les articles du registre de caisse, énonçant les sommes délivrées au quartier-maître par le conseil d'administration, et les dépenses par toutes les pièces et acquits à l'appui des détails relatifs à la solde et aux différentes masses.

13.

Tableau général par compagnie, de la situation de la masse de linge et chaussure.

Comme les dépenses de la masse de linge et chaussure ne peuvent être établies que sommairement dans le journal général, attendu que les détails en sont confiés aux commandans des compagnies, le quartier-maître formera, tous les trois mois, à l'époque des décomptes, un tableau général, par compagnie, de la situation de la masse de linge et chaussure, au moyen des feuilles détaillées et nominatives que les capitaines lui en remettront exactement.

Ce tableau sera tenu conformément au modèle D, et servira de principale pièce à l'appui de la colonne du linge et chaussure, dans le registre précédent.

Il sera soumis au *visa* de l'inspecteur.

14.

Contrôle général du mouvement intérieur.

Il sera tenu en outre, par le quartier-maître, un contrôle général du mouvement intérieur de chaque corps, où il établira, jour par jour, toutes les mutations qui pourront survenir, tant en hommes qu'en chevaux, suivant le modèle E.

C'est d'après ce registre que le quartier-maître doit former les états nécessaires aux revues, et vérifier le travail des fourriers.

Il en sera fait, tous les jours, un relevé pour les comptes à rendre de la situation du corps.

15.

Comptes rendus par les fourriers au quartier-maître.

Pour que le quartier-maître puisse établir avec exactitude, sur le contrôle précédent, tous les mouvemens qui arriveront dans le corps, les fourriers de chaque compagnie seront tenus de se rendre chez lui tous les matins, et de lui remettre un état, signé d'eux, des mouvemens survenus la veille; les fourriers répondront personnellement des erreurs qu'ils pourraient commettre par négligence ou autrement.

16.

Contrôle général des signalemens.

Les signalemens de tous les sous-officiers et soldats qui composent un corps, seront réunis dans un même registre, ou contrôle, coté F.

Chaque homme y sera désigné par un numéro qu'il conservera tant qu'il sera au corps, et il portera son nom de famille dans la compagnie, à moins qu'il n'y ait un autre soldat du même nom, auquel cas on adopterait pour lui un nom différent.

A l'égard toutefois des suppléans admis en remplacement des conscrits, on se conformera, pour leur inscription sur le contrôle de chaque corps, à la disposition de l'article 12 du titre III du réglement du 17 ventôse dernier, afin que l'on puisse toujours facilement les connaître, et suivre les événemens qui les concernent.

Le commandant du corps tiendra la main à ce que toutes les variations relatives aux sous-officiers et soldats, y soient notées exactement; et il en sera extrait, tous les mois, pour être adressé au ministre de la guerre,

1.° Le signalement des hommes de recrue;

2.° Celui des hommes passés d'une compagnie dans une autre;

3.° Celui des hommes montés à de nouveaux grades,

4.° Celui des hommes désertés, morts ou congédiés.

Ce registre sera comparé à celui tenu par compagnie, par le chef de bataillon

bataillon ou d'escadron, et présenté aux inspecteurs toutes les fois qu'ils le requerront, pour y faire les vérifications dont ils auront besoin.

Au surplus, il ne sera renouvelé que quand celui existant sera rempli.

17.

Il sera tenu, en outre, par le quartier-maître, dans les troupes à cheval, un contrôle conforme au modèle G, dans lequel il inscrira, compagnie par compagnie, le signalement des chevaux, leur pays, et l'époque de leur arrivée au corps.

Contrôle de signalement des chevaux.

Le nom du cheval sera inscrit sur une tablette clouée au râtelier.

TITRE III.

De la Solde.

ARTICLE 1.er

La solde continuera d'être payée à l'effectif, suivant les bases déterminées par la loi du 23 floréal an 5.

Solde payée à l'effectif et sur quel pied.

Le décompte de chaque corps et de chaque individu, ne sera dressé et arrêté que tous les trois mois, d'après les revues des inspecteurs; mais il sera fait à chaque officier, sous-officier et soldat présent, un à-compte ou prêt, dont la quotité et l'époque seront déterminées ainsi qu'il suit.

2.

La solde des officiers sera payée du 1.er au 2 de chaque mois, à l'heure qui sera indiquée à l'ordre par le commandant du corps.

Solde des officiers.

Elle ne sera payée qu'aux officiers présens sous les armes ou détachés. Les premiers signeront à la marge de l'état qui sera dressé de leur solde, mois par mois; les autres enverront régulièrement leurs quittances individuelles.

Le quartier-maître portera, mois par mois, sur son registre-journal C, à la colonne de la solde, le montant de celle qu'il aura payée aux officiers, et réservera, pour pièces justificatives, les états émargés et les quittances.

3.

Le prêt continuera d'être fait exactement tous les cinq jours; savoir, les 1, 6, 11, 16, 21 et 26 de chaque mois, et aux présens sous les armes seulement.

État de prêt.

TITRE III.

Il en sera formé chaque fois un état par compagnie, contenant sommairement le nombre des hommes divisés par grade, avec les mutations, suivant le modèle n.° 1.

Cet état sera signé du commandant de la compagnie et de l'officier de décade. Ce dernier se rendra chez le quartier-maître, à l'heure qui aura été annoncée à l'ordre par le commandant du corps, et recevra l'argent du prêt; ensuite de quoi cet officier, accompagné du fourrier, distribuera le prêt aux chefs de chambrée, à l'heure de la soupe du matin.

Il sera déduit, sur ce qui revient à l'ordinaire, ce qui aura été payé pour les hommes entrés aux hôpitaux du lieu ou externes, morts, congédiés ou désertés dans l'intervalle d'un prêt à l'autre.

Le quartier-maître portera dans son journal général C, sur le tableau qui y est préparé à cet effet, le montant de chaque état de prêt, au fur et à mesure des paiemens effectués.

4.

Feuilles de subsistance.

Indépendamment des états de prêt, le commandant de chaque compagnie tiendra une feuille de subsistance suivant le modèle n.° 2.

Cette feuille contiendra d'abord les noms de tous les sous-officiers et soldats, avec le détail des mutations qu'ils éprouveront successivement, et des journées de solde dues à chacun d'eux.

Elle sera terminée tous les trois mois, 1.° par une récapitulation, contenant le total des journées par grade, avec le total des sommes dues à chaque grade; le produit de la retenue pour linge et chaussure, et pour les hôpitaux du lieu, et la demi-solde des congés rentrés; ensuite, le relevé des états de prêt, pour faire la balance des sommes dues avec celles payées: 2.° par le mouvement sommaire de la compagnie pendant les trois mois: 3.° par l'état de distribution du pain pendant le même temps.

Il sera fait deux expéditions de cette feuille, qui seront signées réciproquement du capitaine et du quartier-maître, et serviront à leur décharge respective.

Dans les troupes à cheval, la récapitulation qui doit terminer cette feuille, indiquera le mouvement sommaire survenu dans les chevaux pendant le trimestre.

5.

Décompte de solde à payer aux hommes revenus de congé.

Les hommes revenus de congé, ne seront compris dans les états de prêt, que du jour de leur retour; et pour les faire payer de ce qui leur reviendra de leur demi-solde pendant le temps de leur absence, le capitaine de chaque compagnie en formera tous les mois un état conforme au modèle n.° 3, lequel contiendra le décompte de la somme à payer aux hommes revenus de congé pendant le mois.

Ces états seront nominatifs, et désigneront en détail, les époques du départ et du retour desdits hommes, le temps de leur absence, et ce qui leur reviendra net, déduction faite des feuilles d'hôpitaux, et des avances qui auraient pu leur être faites en route.

Ces états seront présentés au quartier-maître, qui vérifiera si les hommes qui y sont portés, sont revenus à l'expiration de leur congé; et dans le cas où ils l'auraient outre-passé, sans motif légitime, il ne leur sera fait aucun rappel ni décompte, à l'exception de celui du linge et chaussure.

Le montant desdits états sera acquitté tous les mois par le quartier-maître, et porté en dépense sur son journal au compte de la solde.

6.

Journées d'hôpitaux du lieu.

Les journées des hommes aux hôpitaux du lieu, seront acquittées tous les mois par le quartier-maître, à raison des deux tiers de la solde, sur des feuilles de retenue, qui lui seront présentées par les économes des hôpitaux, dans la première décade du mois suivant.

Le quartier-maître portera sur son journal, au compte de la solde, le montant des journées acquittées.

7.

Journées d'hôpitaux externes.

Les hommes aux hôpitaux externes ne seront compris dans les revues de l'inspecteur, pour le décompte de leur solde, que jusqu'au jour de leur départ pour les hôpitaux exclusivement.

Ceux revenus des hôpitaux, seront payés du lendemain de leur retour seulement.

Il sera pareillement expédié des feuilles de retenue, pour acquitter les journées des hommes aux hôpitaux externes; et ces feuilles ne comprendront également en retenue, que les deux tiers de la solde affectée à chaque sous-officier et soldat de toute arme. Il sera fait rappel du tiers restant sur la revue de solde, pour le décompte en être fait à chaque homme, au prêt qui suivra l'époque de sa rentrée, déduction faite de la retenue du linge et chaussure, qui doit être versée à la masse.

Ces feuilles seront conformes au modèle n.° 4: elles seront acquittées sur les lieux, et envoyées au payeur de la division dans laquelle le corps sera stationné, à l'effet d'être employées dans le premier décompte.

La haute-paie du caporal-tambour, attaché à l'état-major, et celle des tambours des compagnies, qui est destinée à l'entretien de leurs caisses, ne seront point sujettes à la retenue pour journées d'hôpitaux, et le rappel en sera fait à leur retour, dans la première revue.

Il sera de même expédié des feuilles de retenue, pour les journées que des officiers auraient passées aux hôpitaux, savoir,

Pour celles des sous-lieutenans, un franc vingt-cinq centimes;

Pour celles des lieutenans, un franc cinquante centimes;

Pour celles des capitaines, deux francs;

Et pour celles des grades supérieurs, trois francs.

8.

Quinze centimes par lieue aux hommes allant et revenant des hôpitaux.

Les hommes allant aux hôpitaux externes, ou qui en reviendront, recevront quinze centimes par lieue de poste, pour les mettre en état de faire leur route.

Ce secours leur sera avancé par le payeur du lieu, sur les mandats du commissaire des guerres, ou, en son absence, du sous-préfet; et il en sera tenu note, tant sur leur billet de sortie d'hôpitaux que sur leur cartouche.

Effets donnés en route.

Si l'on fournit auxdits hommes des effets de petit équipement dont ils se trouveraient avoir besoin, il sera tenu, comme ci-dessus, note du prix de ces effets, tant sur le billet de sortie, que sur la cartouche desdits hommes, afin que la retenue puisse en être opérée sur eux, à leur retour au corps, ces effets devant être à leur compte.

Les commissaires des guerres et les sous-préfets auront l'attention de ne délivrer leurs mandats que d'une sous-préfecture à l'autre, c'est-à-dire, à la plus prochaine où il se trouvera un payeur.

Chaque mandat sera individuel; et le sous-officier ou soldat qui en sera porteur, sera tenu de l'acquitter par sa signature, ou par sa marque faite en présence de témoin.

Les commissaires des guerres et les sous-préfets tiendront un registre exact des mandats qu'ils auront délivrés, soit pour argent, soit pour effets; et ils en formeront tous les mois un relevé, qu'ils enverront à chacun des corps auxquels appartiendront les hommes à qui les mandats auront été délivrés.

Les quinze centimes par lieue ne seront point donnés aux hommes absens par congé, qui seraient entrés aux hôpitaux externes; et si, par nécessité, on avait été obligé de leur faire quelques avances à cet égard, elles seraient à leur compte en totalité.

Bordereaux pour les retenues de ces avances.

Pour opérer ces différentes retenues, il sera formé des bordereaux conformes au modèle n.° 5, par les divers payeurs qui auront fait les avances,

avances, soit de l'argent, soit des effets; et ces bordereaux, toujours distingués des feuilles de retenue, seront envoyés au payeur de la division où le corps sera emplacé, pour être employés dans le premier décompte.

9.

Vérification et dépouillement des feuilles de retenue.

Aussitôt que les feuilles de retenue pour journées d'hôpitaux externes auront été remises au conseil d'administration, le quartier-maître en fera la vérification et le dépouillement, à l'effet de reconnaître si les hommes y portés font réellement partie du corps, et si la retenue est bien exercée.

Feuilles admissibles en totalité.

Lorsque tous les articles de la feuille de retenue auront été reconnus justes et admissibles, le quartier-maître fera approuver la feuille par le conseil d'administration; il la portera ensuite en recette et dépense sur le registre de caisse, pour être employée dans la revue du trimestre.

Feuilles non admissibles en totalité.

Si la feuille entière est reconnue fautive et non recevable, le conseil d'administration y inscrira les motifs de son refus, et la fera rendre au payeur.

Feuilles en partie admissibles et en partie non recevables.

S'il n'y a dans la même feuille que quelques articles à refuser, le conseil d'administration gardera la feuille, pour être employée comme ci-dessus, par rapport aux articles admissibles; et il fera dresser un extrait authentique des articles refusés, au bas duquel seront inscrits les motifs de son refus: cet extrait, signé du conseil, sera remis au payeur, et vaudra, pour sa décharge, comme si c'était la feuille elle-même.

10.

Vérification et dépouillement des bordereaux d'avances.

Aussitôt que les bordereaux d'avances pour argent ou effets donnés, seront parvenus au conseil d'administration, il les fera vérifier et dépouiller par le quartier-maître, à l'effet de reconnaître l'existence des hommes, et si les avances sont à la charge de la République ou de ceux qui les ont reçues.

Bordereaux admissibles en totalité.

Lorsque tous les articles du bordereau seront reconnus appartenir à des hommes dépendans du corps, le conseil d'administration fera extraire les sommes au compte de la République, c'est-à-dire, les quinze centimes par lieue délivrés aux hommes allant aux hôpitaux externes, ou qui en seront revenus. Ces sommes seront portées en recette et dépense sur le registre de caisse, et employées dans la revue du trimestre.

Les sommes provenant des effets donnés, soit aux hommes allant ou revenant des hôpitaux, soit à ceux absens par congé qui seraient entrés dans les hôpitaux externes, et les quinze centimes par lieue que ces derniers auraient touchés, seront portés au compte desdits hommes.

TITRE III.

Bordereaux non admissibles en totalité.

Bordereaux en partie admissibles et en partie non recevables.

Si le bordereau tout entier se trouve étranger au corps, et dans le cas d'être refusé, le conseil d'administration y inscrira les motifs de son refus, et le fera rendre au payeur.

S'il ne se trouve dans le même bordereau que quelques articles à refuser, il en sera usé de même que pour les feuilles de retenue des hôpitaux externes qui seront dans le même cas, suivant l'article précédent.

11.

Cahier de dépouillement tenu par le quartier-maître.

Pour faciliter l'exécution des dispositions qui précèdent, le quartier-maître tiendra un cahier de dépouillement des feuilles de retenue et des bordereaux d'avances, conforme au modèle n.° 6.

A la revue de trimestre, il formera, par relevé dudit cahier, un état des dépouillemens qu'il aura faits pendant les trois mois précédens, pour être présenté à l'inspecteur, avec les feuilles et bordereaux à l'appui, suivant le modèle n.° 7.

L'inspecteur emploira dans les revues les articles qui devront y être compris, ensuite de quoi il bâtonnera les feuilles et bordereaux, qui demeureront pendant un an dans les archives du corps.

12.

Mention des avances et des journées d'hôpitaux sur les cartouches, à peine de refus.

Pour prévenir les abus qui naissent des avances et des effets donnés trop légèrement aux soldats de passage, ainsi que de leur admission trop facile dans les hôpitaux, il est expressément défendu aux commissaires des guerres et à tous autres, de faire fournir de l'argent ou des effets à aucun soldat en route, de quelque arme qu'il soit, et à tous économes, administrateurs des hôpitaux militaires ou de charité, de les admettre dans lesdits hôpitaux, à moins qu'ils ne soient porteurs d'une cartouche de congé limité; ceux qui ont des congés absolus ne devant plus rien recevoir, sous aucun prétexte, à l'exception des soldats réformés, auxquels il sera donné quinze centimes par lieue, pour se rendre dans le lieu de leur retraite.

Toutes les avances ou effets délivrés aux soldats porteurs de cartouches de congé limité, ainsi que les journées que lesdits hommes auraient passées aux hôpitaux, seront exactement inscrits sur les cartouches. Les bordereaux d'avances, ou les feuilles de journées, dont le montant ne se trouverait pas porté au dos des cartouches, seront refusés par les corps, ou, en cas qu'ils aient été payés avant le retour desdits hommes, la répétition en sera faite à la charge de ceux qui auraient contrevenu à la présente disposition.

13.

Indemnités de route.

Les indemnités qui seront payées aux corps pour leur tenir lieu d'étape, pendant les routes qu'ils feront dans l'intérieur de la République, seront employées dans les revues, comme supplément de solde, et portées, tant en recette qu'en dépense, sur le registre de caisse, et en dépense, sur le journal général, au compte de la solde.

14.

Double du décompte.

La liquidation de tous les décomptes sera faite en double par les payeurs, d'après les revues des inspecteurs, et suivant le modèle annexé au règlement concernant les revues; et il en sera délivré aux différens corps de troupe, au dos de l'extrait de revue, un double signé desdits payeurs.

15.

Vérification des recettes et dépenses de la solde.

Les revues des inspecteurs et l'ampliation du décompte, signées du payeur, devant servir de premières pièces justificatives de la recette des fonds confiés au conseil d'administration de chaque corps, ces pièces seront produites au conseil par le quartier-maître, lors de la vérification des dépenses de solde, et le quartier-maître présentera en outre, à l'appui de son registre,

1.° Les états émargés de la solde des officiers;

2.° Les états de prêt n.° 1;

3.° Les feuilles de subsistance n.° 2;

4.° Le registre de linge et chaussure F;

5.° Les décomptes de solde payés aux hommes revenus de congé, n.° 3;

6.° Et finalement les feuilles de retenue pour journées d'hôpitaux, et les bordereaux d'avances, tant en argent qu'en effets, acquittés en vertu des articles 7, 8, 9, 10 et 11 du présent titre.

TITRE IV.

DES MASSES.

ART. 1.er

Établissement des masses.

Les conseils d'administration des corps sont chargés de diriger les fonds des masses d'entretien, et de linge et chaussure, établies par la loi du 26 fructidor an 7.

TITRE IV.

Les masses de boulangerie, des fourrages, des étapes, du chauffage, du logement, des hôpitaux, de l'habillement et du grand équipement, et celle des remontes, établies par la même loi, demeurent provisoirement à la disposition du ministre de la guerre, qui fera pourvoir à l'objet de leur destination.

Il sera néanmoins prélevé, conformément à la même loi, ainsi qu'il sera réglé ci-après, sur la masse destinée à la remonte des troupes à cheval, la somme nécessaire pour le ferrage, les médicamens, et autres dépenses particulières relatives aux chevaux. Cette somme portera le nom de *masse de ferrage et médicamens*, et sera pareillement confiée à l'administration des conseils dans les corps à cheval.

2.

Les masses comprises dans les revues.

Les masses d'entretien et de ferrage seront comprises dans les revues des inspecteurs, à compter du 1.er germinal.

La masse de linge et chaussure devant se former par retenue sur la solde, sera payée avec le montant de la solde, à l'effectif des hommes compris dans les revues.

Masse d'entretien.

3.

Masse d'entretien. Sa formation.

La masse d'entretien est fixée par la loi du 26 fructidor an 7, pour les différentes armes;

SAVOIR:

Pour chaque sous-officier et soldat d'infanterie de ligne et vétérans nationaux, par an, à	8f 00c
Pour ceux d'infanterie légère, à	9. 00.
Pour ceux d'artillerie à pied, ouvriers, mineurs, sapeurs, et pontonniers et train d'artillerie	8. 50.
Pour ceux de cavalerie et dragons	13. 20.
Pour ceux de chasseurs, hussards et artillerie à cheval, à..	12. 20.

Cette masse sera payée au complet des corps. Les fonds de la masse s'accroîtront du produit de ce qui restera à la masse du linge et chaussure des soldats morts, désertés, ou qui obtiendront des congés absolus étant chez eux.

Les soldats n'auront droit à aucun décompte sur la masse d'entretien.

4.

4.

Ladite masse sera chargée de la dépense relative aux objets ci-après,

Quels objets seront à sa charge.

SAVOIR:

La confection des effets d'habillement et d'équipement,
Les réparations desdits effets,
Les réparations de l'armement,
Les frais de bureau et autres dépenses communes,
La première fourniture d'effets de petit équipement à faire à chaque homme à son arrivée au corps;

Plus, les épaulettes d'adjudant,
Les galons pour marques distinctives des sous-officiers,
Ceux des musiciens,
Les épaulettes de grenadier,
Les pompons pour chapeaux et cocardes,
Les plumets,
Et généralement tous les cordonnets et autres agrémens pour les uniformes des troupes légères.

Habillement et Équipement de l'homme et du cheval.

5.

Le conseil d'administration, dans les corps d'infanterie, nommera un capitaine, pour être chargé en chef du détail de la confection et réparation de l'habillement et équipement, et des fournitures d'effets de petit équipement, qui seront faites à chaque homme à son arrivée au corps, ainsi que des réparations de l'armement, et de veiller, sous les ordres du conseil d'administration, à tous les objets qui y sont relatifs.

Officiers chargés des détails de l'habillement et de l'équipement.

Ce capitaine sera autorisé à choisir lui-même deux autres officiers, pour être employés sous lui, l'un à suivre les détails particuliers de la confection et distribution de l'habillement et des effets de linge et chaussure, l'autre à suivre les détails de l'équipement et de l'armement : il les présentera au conseil d'administration, qui pourra les agréer, ou lui prescrire d'en présenter d'autres; mais, dans tous les cas, le capitaine demeurera toujours seul responsable des détails qui lui auront été confiés par le conseil, en vertu d'une délibération prise à cet effet, dans laquelle ses adjoints seront compris, et dont il lui sera délivré copie.

Dans les troupes à cheval, le conseil d'administration nommera pareillement un capitaine, pour être chargé en chef de l'habillement neuf, et des réparations des effets du petit équipement à fournir aux hommes arrivant au corps, du grand équipement de l'homme et du cheval, et de l'armement.

Ce capitaine s'adjoindra, comme il est dit ci-dessus, et de l'agrément du conseil, deux officiers à son choix, pour être chargés, sous lui, l'un de l'équipement, harnachement et armement, l'autre de l'emploi de la masse de ferrage et médicamens, le capitaine demeurant toujours seul responsable, envers le conseil, de ces différens détails.

6.

Registre que devra tenir le capit.e chargé de ce détail.

Le capitaine chargé de l'habillement et équipement dans les corps d'infanterie, tiendra un registre, suivant le modèle n.° 8, dans lequel seront inscrites toutes les étoffes et autres fournitures entrées en magasin, ou qui en seront sorties pour les confections et réparations de l'habillement.

Une partie de ce registre sera réservée pour l'enregistrement des objets de petit équipement à fournir à chaque recrue en arrivant au corps, et pour l'armement: il sera tenu, dans les troupes à cheval, un registre dans la même forme, pour y réunir aux détails ci-dessus, toutes les parties d'équipement de l'homme et du cheval, par l'addition du nombre de colonnes nécessaire à leur établissement; on y réunira également tous les objets appartenant à la masse du ferrage.

7.

Pièces à l'appui du registre.

Le capitaine apportera, à l'appui de son registre, et du compte qu'il rendra de sa gestion, l'état des remplacemens neufs arrêtés par le Ministre chaque année, dont il sera fait mention ci-après, ainsi que l'état des hommes de nouvelle levée; il y joindra les marchés, factures, quittances de marchands, bordereaux de fournitures, lettres de voiture et autres pièces justificatives.

8.

Journal de l'officier chargé du détail particulier de l'habillement.

L'officier chargé du détail particulier de l'habillement, et des effets de linge et chaussure, sous les ordres du capitaine, tiendra un journal de recette et dépense en effets, de tous les effets d'habillement et de linge et chaussure qui entreront au magasin, et qui en sortiront, pour être distribués aux sous-officiers et soldats.

Ce journal sera conforme au modèle n.° 9, et servira de contrôle au registre général du capitaine.

9.

Journal de l'officier chargé du détail de l'équipement, harnachement et armement.

L'officier pareillement chargé, sous les ordres du capitaine, des détails particuliers de l'équipement et armement dans les corps d'infanterie, à quoi sera joint le harnachement dans les troupes à cheval, tiendra un semblable journal, conforme au modèle n.° 10, pour y établir la recette et la dépense en effets d'équipement, harnachement et armement, qui entreront en magasin, ou qui seront délivrés aux compagnies.

10.

Enregistrement des sommes payées sur la demande des officiers chargés des différens détails.

Le quartier-maître inscrira chaque fois, sur son registre-journal général, les sommes qu'il aura payées, par les ordres du conseil, sur la demande de l'officier chargé en chef des différens détails, soit aux fournisseurs, pour effets reçus, soit aux maîtres ouvriers, pour à-compte ou pour solde des façons ou réparations; mais cet officier tiendra note par-devers lui des à-comptes donnés, sur sa demande, soit aux fournisseurs, soit aux maîtres ouvriers, afin de pouvoir les porter en déduction, dans le décompte ultérieur qui sera fait aux uns et aux autres, pour le paiement de leurs mémoires respectifs.

11.

Fourniture des étoffes et marchandises.

La fourniture des étoffes et marchandises nécessaires à l'habillement, au grand équipement des hommes et au harnachement des chevaux, sera faite aux corps de toute arme, pour l'an 8, par les ordres du ministre de la guerre, au moyen de la masse d'habillement et équipement établie pour chaque arme, par la loi du 26 fructidor an 7, et laissée à sa disposition. Le conseil d'administration ne sera chargé que de l'emploi de ces matières, et de la confection des effets dont la dépense doit être supportée par la masse d'entretien établie par la même loi, et qui est mise à la disposition de chaque corps.

Il se conformera, pour la confection des effets d'habillement, aux prix réglés pour les façons, par le tarif qui sera arrêté par le ministre.

Lorsque les corps recevront des parties d'habillement, d'équipement ou de harnachement confectionnées, le prix des façons leur en sera retenu sur le compte de la masse d'entretien.

12.

Hommes qui devront être habillés à neuf, et réparations.

Les capitaines formeront l'état des hommes qui devront être habillés à neuf.

Ils feront pareillement l'examen de l'équipement de l'homme dans l'infanterie, et de l'homme et du cheval dans la cavalerie, ainsi que des réparations, tant de l'habillement que de l'équipement, afin d'indiquer les besoins de leur compagnie à cet égard.

13.

Proportions à observer pour les remplacemens.

Les remplacemens de l'habillement neuf et de l'équipement de l'homme

TITRE IV.

et du cheval, se feront dans les proportions prescrites par la loi du 2 fructidor an 2, jusqu'à ce qu'il en ait été autrement ordonné.

14.

Demandes formées par les capitaines.

En conséquence de la disposition qui précède, chaque capitaine formera, dans le courant du mois de prairial, sur une feuille conforme au modèle n.° 12, l'état de situation de toutes les parties de l'habillement, équipement et armement de la compagnie, où il établira celles dont le remplacement devra se faire dans l'année suivante.

Dans les troupes à cheval, chaque capitaine formera un pareil état de toutes les parties de l'équipement des chevaux, qui devront être remplacées pour le même temps dans sa compagnie.

Les capitaines, dans toutes les armes, joindront à cet état, une feuille conforme au modèle n.° 13, contenant seulement la désignation du nombre et de la nature des effets à réparer.

Ces états seront remis au chef de brigade, lequel fera une revue exacte de tout le corps, à l'effet de vérifier ces demandes, et d'arrêter provisoirement les quantités d'habits, vestes et autres effets à remplacer ou à réparer, lesquelles seront déterminées d'après les besoins.

15.

État général des effets de remplacement et des réparations.

Aussitôt que les différens états des effets à remplacer, et des réparations à faire, auront été arrêtés, le conseil d'administration fera former, suivant le même modèle n.° 12, par le capitaine chargé du détail de l'habillement, un état général de la quantité des objets à remplacer, et suivant le même modèle n.° 13, un état approximatif des étoffes et marchandises nécessaires pour ces réparations.

16.

Délibération du conseil en conséquence.

Lorsque ces états auront été remis au conseil, il arrêtera, par une délibération, les quantités des différentes parties d'habillement et équipement, dont il aura jugé convenable de demander le remplacement, et les quantités d'étoffes et marchandises que les réparations lui paraîtront exiger.

La même délibération contiendra le montant des dépenses nécessaires, pour les confections de l'habillement neuf et pour les réparations.

17.

Destination de ces états.

Les états énoncés dans les articles précédens, seront remis par le conseil d'administration à l'inspecteur général, à l'époque de sa revue.

L'inspecteur général, après avoir reconnu la nécessité, soit des remplacemens neufs, soit des réparations, les approuvera; il adressera ensuite au au Ministre celui relatif aux remplacemens, et autorisera le conseil à exécuter celui relatif aux réparations.

18.

Envoi à chaque corps, de l'état des fournitures qui lui sont faites.

En conséquence des états de demandes approuvées par les inspecteurs généraux, le Ministre de la guerre arrêtera l'état des différentes marchandises ou fournitures, qui devront être envoyées à chaque corps, pour l'exécution des effets de remplacement.

Cet état sera adressé au corps, et conservé jusqu'à la revue suivante, pour être représenté, par le conseil d'administration, à l'inspecteur chargé de la revue, afin de le mettre à même de vérifier si les objets détaillés ont effectivement été remis au corps.

19.

Envoi des étoffes, et précautions à prendre pour en constater le dommage.

Le conseil d'administration prendra les mesures les plus exactes, pour constater la bonne qualité des étoffes qui lui seront adressées; et dans le cas où les ballots paraîtront endommagés, il requerra le commissaire des guerres, ou, en son absence, le sous-préfet ou le maire du lieu, d'en constater l'avarie, et de procéder à leur ouverture.

Il sera dressé procès-verbal de la situation des marchandises, et des dommages qu'elles auraient éprouvés, le tout en présence d'experts nommés, l'un par le corps, et l'autre par le sous-préfet ou le maire, lesquels feront l'estimation du dommage et de la perte que la marchandise aura essuyés, et nommeront eux-mêmes un tiers expert, en cas de partage.

20.

Précautions pour en vérifier la quantité.

Lorsqu'il n'y aura point de dommage extérieur aux ballots, le conseil d'administration procédera à leur ouverture, et vérifiera, en présence du capitaine et autres officiers chargés du détail, si les étoffes et marchandises sont conformes aux échantillons qui lui auront été adressés à l'avance.

Dans les cas où ils reconnaîtront des différences essentielles et préjudiciables à la bonté et à la qualité des étoffes, ils appelleront le commissaire des guerres, ou, en son absence, le sous-préfet ou le maire, pour en constater juridiquement les défectuosités, en présence d'experts, dans la forme prescrite par l'article précédent.

21.

Envoi des procès-verbaux.

Le commissaire des guerres ou autre qui aura rédigé les procès-verbaux énoncés aux articles qui précèdent, en remettra aux corps deux expéditions, dont il en sera aussitôt adressé une à l'inspecteur général, avec les demandes de remplacement, auxquelles le déficit ou l'avarie des étoffes ou marchandises aurait donné lieu.

L'inspecteur général fera passer aussitôt le procès-verbal au ministre de la guerre, afin qu'il donne des ordres pour le remplacement des étoffes, aux frais de qui il appartiendra.

22.

Établissement d'un magasin général d'habillement.

Il sera établi, dans les casernes de chaque corps, un magasin général, pour y déposer tous les draps et autres étoffes, et tous les effets de l'habillement, de l'équipement et harnachement façonnés ou non façonnés, ainsi que les médicamens et autres objets relatifs à l'écurie.

Ceux de l'armement y seront aussi renfermés, et la garde dudit magasin sera confiée supérieurement au capitaine chargé en chef de ce détail, et, sous ses ordres, aux officiers qui lui auront été adjoints.

Lesdits officiers veilleront soigneusement à la sûreté et conservation desdites marchandises, au moyen des précautions qu'ils seront autorisés, par le commandant du régiment et par le conseil d'administration, de prendre à cet effet.

23.

Travail du maître tailleur, surveillé.

Le maître tailleur prendra mesure à chaque homme, et se conformera strictement aux proportions prescrites par les anciens réglemens, jusqu'à ce qu'il en soit autrement ordonné.

L'officier susdit tiendra la main à ce que le maître tailleur ne s'écarte pas du modèle qui aura été arrêté par le corps.

24.

Modèle pour l'habillement.

Il sera en conséquence établi, dans chaque corps, un modèle d'habillement complet, lequel sera présenté à l'inspecteur général lors de sa revue; et après qu'il aura été par lui agréé et revêtu de son cachet, le chef du corps demeurera responsable des changemens qu'on pourrait y faire.

25.

Habillement des hommes allant en congé.

Lorsque le Gouvernement jugera à propos d'accorder des congés pendant l'hiver, et que ceux qui les auront obtenus seront destinés à être habillés de neuf dans l'année suivante, la mesure de leur habit leur sera prise avant leur départ.

26.

Essai des habits neufs.

Tout habillement neuf sera essayé par les hommes auxquels il sera destiné, en présence des officiers chargés de ce détail; tout ce qui ne sera pas en règle, sera réparé sur-le-champ, aux frais du maître tailleur, qui doit répondre de la coupe et des façons.

27.

Salaire des ouvriers.

Le conseil d'administration réglera les salaires respectifs du maître tailleur et de ses ouvriers, sur le prix fixé pour les façons, par le tarif mentionné en l'article 11 du titre IV.

28.

Même procédé pour la coiffure et l'équipement.

Tout ce qui vient d'être prescrit pour la vérification et la distribution de l'habillement, sera également observé pour la coiffure et l'équipement, tant de l'homme que du cheval.

29.

Marque à mettre aux parties de l'habillement et équipement.

Toutes les parties de l'habillement seront timbrées de l'année où elles auront été façonnées.

Les habits et les vestes seront marqués sur le pli de derrière, et les culottes sur le côté droit extérieur de la ceinture.

Toute la buffleterie, bretelles et havre-sacs, porte-manteaux et autres effets d'équipement, tant de l'homme que du cheval, seront marqués du numéro de l'homme, et des lettres alphabétiques qui seront affectées à chaque compagnie.

30.

Réparations générales.

Aussitôt que l'habillement neuf sera façonné, le commandant du corps fera commencer les réparations générales.

Les capitaines veilleront à ce que les effets de leur compagnie marqués pour être réparés, soient renvoyés successivement au magasin, à mesure que l'officier chargé de ce détail en fera la demande, et ils ne les recevront qu'autant que les réparations en auront été faites avec exactitude et solidité.

31.

Menues réparations.

Toutes les menues réparations qui auront lieu dans le courant de l'année, avant l'époque des réparations générales, se feront pour le compte du soldat, au moyen de ce que son habit lui restera à l'expiration du temps qu'il devra durer.

32.

Tableau ou état montrant, par compagnie, de la situation de l'habillement et équipement neufs et réparés.

Après que l'habillement et l'équipement neufs auront été achevés et distribués par ordre du commandant du corps, et que les réparations auront été faites dans toutes les compagnies, il sera dressé un tableau ou état nominatif de situation, par compagnie, de l'habillement et équipement, tant de l'homme que du cheval, suivant le modèle n.° 14.

Cet état sera séparé en trois parties : la première pour l'habillement ; la seconde pour l'équipement de l'homme et pour celui du cheval, dans la cavalerie ; et la troisième pour l'armement.

Il sera formé deux doubles de cet état. Le capitaine chargé du détail de l'habillement en gardera un, signé du commandant de la compagnie, pour pouvoir y inscrire à mesure le mouvement de l'habillement, et rendre compte, à la fin de chaque année, des variations : l'autre double, signé du capitaine chargé de l'habillement, demeurera entre les mains du commandant de la compagnie.

Cet état sera rapporté, par extrait, par les officiers adjoints au capitaine, sur leurs journaux de détail, n.os 9, 10 et 11, suivant leurs détails respectifs, et par le commandant de chaque compagnie, sur le registre particulier du détail de compagnie, n.° 18.

33.

Vérification sommaire tous les trois mois.

L'état de situation de l'habillement et équipement par compagnie, sera vérifié tous les trois mois, et les fourriers rendront compte à l'officier chargé du détail de l'habillement, des recettes et des consommations qui auront eu lieu.

Chaque changement sera enregistré, avec le nom de l'homme qui y aura donné lieu, et il sera fait, à chaque vérification, un nouvel arrêté de ce qui existera dans la compagnie, en augmentant ou déduisant les parties reçues ou consommées.

34.

Vigilance sur la propreté, recommandée.

Les capitaines et autres officiers des compagnies, veilleront à ce que les soldats conservent leurs habits et autres effets dans le meilleur état qu'il sera possible, et se conformeront, à cet égard, aux réglemens concernant la discipline et la police intérieure des corps.

35.

Habillement visité.

L'habillement des hommes qui s'absenteront par congé, sera visité à leur départ et à leur retour : les dégradations occasionnées par leur faute seront réparées à leurs frais.

36.

Compte rendu par le commandant du corps, du zèle des officiers chargés des détails.

Au surplus, la bonne administration de toutes les parties de l'habillement et équipement dépendant infiniment des soins du capitaine et des autres officiers qui seront chargés de ces détails, les commandans des

des corps informeront l'inspecteur général, du zèle et de l'intelligence avec lesquels ils s'en seront acquittés, et le comité central en rendra compte au ministre de la guerre.

Armement.

37.

Officier chargé de ce détail.

Le ministre de la guerre fera fournir des arsenaux de la République, les armes dont le remplacement aura été reconnu indispensable.

Les réparations de l'armement seront faites dans l'intérieur des corps, par les maîtres armuriers, sous la direction du capitaine chargé de l'habillement; et de son adjoint, pour les détails de l'équipement et de l'armement.

38.

Approvisionnement de pièces d'armurerie.

Les conseils d'administration de chaque corps donneront des ordres à l'officier chargé du détail de l'armement, pour rassembler, dans le magasin du corps, un approvisionnement de pièces d'armurerie, suffisant pour subvenir à l'entretien et aux réparations au moins d'une année.

39.

Manufactures d'où elles seront tirées.

Toutes les pièces d'armurerie nécessaires aux réparations susdites, seront conformes aux modèles adoptés par le ministre, et seront tirées directement des manufactures nationales.

40.

Tarif des pièces façonnées.

Le prix de chaque pièce, combiné avec les frais de transport, étant connu, il sera dressé un tarif de ce qu'elle devra coûter, ajustée et mise en place, et le conseil pourra en conséquence en passer un marché avec l'armurier.

41.

Remis à chaque compagnie.

Il sera remis à chaque compagnie un double du tarif du prix desdites pièces, approuvé par le conseil d'administration, et consenti par l'armurier.

L'officier chargé de ce détail en aura également une copie sur son journal.

42.

Au compte de qui les réparations seront faites.

Toutes les pièces de l'armement qui seront jugées hors d'état de servir, par l'effet du temps et de leur durée, ainsi que celles cassées, par accident, pendant le service, ou par vétusté, seront remplacées au compte de la masse d'entretien.

Celles cassées par négligence, ou qui auront été perdues, seront remplacées au compte des sous-officiers ou soldats.

Ce sera l'officier chargé du détail des réparations de l'armement, qui décidera, sous les ordres du capitaine chargé de l'habillement.

43.

Formalités à observer pour les réparations.

Lorsqu'il y aura quelque arme à réparer dans une compagnie, le sergent-major détaillera la réparation à faire, sur un billet, où le nom de l'homme, celui de la compagnie, et le numéro de son arme, seront désignés.

L'arme sera portée, avec le billet signé du commandant de la compagnie, chez l'armurier, à l'heure indiquée par l'officier chargé du détail, lequel inscrira sur son journal le précis dudit billet, et après avoir examiné sur le compte de qui la réparation devra être portée, il en établira le prix suivant le tarif, tant sur le billet que sur son journal.

44.

Armes réparées, comment retirées.

Après que la réparation aura été faite, le sergent-major retirera l'arme avec le billet, qui sera remis au commandant de la compagnie, pour lui faire connaître les objets portés au compte du soldat, de la retenue desquels il demeurera chargé.

45.

Registre de l'officier chargé du détail.

L'officier chargé du détail de l'armement, portera sur son journal n.° 10, d'après le billet du capitaine, les réparations qui seront faites à chaque arme, en distinguant celles qui devront être portées sur le compte de la masse d'entretien, de celles qui seront portées sur celui du soldat.

46.

Défendu à l'armurier de faire aucune réparation sans ordre.

Il est expressément défendu au maître armurier, de recevoir aucune arme à réparer, que de l'officier chargé du détail, et de faire aucune autre réparation, que celle nommée dans le billet du commandant de la compagnie.

47.

Toutes les armes numérotées.

Tous les fusils, baïonnettes et sabres, seront marqués de la lettre alphabétique affectée à la compagnie, et d'un numéro, depuis un, jusqu'au dernier numéro représentatif du nombre d'hommes dont la compagnie sera composée.

Les armes de ceux qui ne feront plus nombre, passeront à ceux qui les remplaceront, afin que, dans aucun cas, l'ordre des numéros des hommes ne soit interverti, et demeure constamment tel qu'il aura été établi dans les compagnies, divisions, subdivisions ou escouades.

Les armes sans destination, et celles des hommes absens par congé, seront déposées dans le magasin de la compagnie, et entretenues par des hommes de corvée.

48.

Relevé du registre.

L'officier chargé de ce détail, fera, tous les trois mois, le relevé de son journal, compagnie par compagnie, suivant le modèle n.° 15.

Ce relevé, après avoir été certifié par les commandans des compagnies, sera mis sous les yeux du conseil d'administration, qui ordonnera de porter en dépense sur la masse d'entretien, le montant de la somme qu'elle devra supporter; le surplus sera acquitté par le capitaine, au compte particulier de chaque homme.

Dépenses communes.

49.

Frais de bureau.

Le quartier-maître formera, tous les trois mois, un état des frais de bureau, tels que les registres, papier, plumes, encre, cire, ports de lettres et frais de copistes, avec les pièces à l'appui; et après que cet état aura été arrêté et approuvé par le conseil, il en portera le montant en dépense sur son journal général, à la colonne de la masse d'entretien.

50.

Frais extraordinaires.

A l'égard des frais extraordinaires, il ne pourra en être payé aucun que sur une délibération expresse du conseil d'administration, visée de l'inspecteur général, et approuvée du ministre de la guerre.

51.

Pièces justificatives du registre de la masse d'entretien.

Les décomptes du payeur faits en conséquence des revues des inspecteurs, seront les principales pièces justificatives de la recette de la masse d'entretien.

Le montant de la masse du linge et chaussure des morts, désertés ou congédiés étant chez eux, qui doit se réunir à la masse d'entretien, sera justifié par les pièces destinées à constater les événemens qui concernent ces hommes.

La dépense de cette masse sera justifiée par la production des registres et états énoncés aux articles précédens.

52.

Sa formation.

La masse de linge et chaussure sera formée d'une retenue de huit centimes sur la solde des sous-officiers, tant des compagnies que de l'état-major, à l'exception des adjudans, et de cinq centimes sur celle de chaque caporal, grenadier, fusilier et chasseur dans l'infanterie, l'artillerie et autres troupes à pied, et de huit centimes par chaque maréchal-des-logis, brigadier, cavalier, carabinier, dragon, hussard, chasseur et canonnier à cheval.

Cette masse est individuelle, et appartient particulièrement à chaque homme.

53.

Objets dont la masse sera chargée.

Les fonds de la masse de linge et chaussure seront particulièrement affectés au paiement de tout ce qui concerne le petit équipement de l'homme, comme souliers, bas, guêtres, chemises, cols, mouchoirs, et autres objets de cette nature.

54.

Choix et achat des matières.

Les effets de linge et chaussure ou petit équipement, devant être fournis ou façonnés par les soins des capitaines, suivant les modèles arrêtés par les conseils d'administration, les capitaines donneront leur premier soin au choix et à l'achat des étoffes, cuirs et toiles nécessaires à la confection desdits effets.

Ils les tireront directement des manufactures, autant que faire se pourra.

Les cuirs pour les semelles des souliers seront de la meilleure qualité.

Les toiles pour les chemises seront de chanvre.

Lesdits capitaines prendront d'ailleurs les mesures les plus économiques, en considérant que les frais doivent se joindre au prix principal des marchandises, et entrer dans l'évaluation des matières mises en œuvre et façonnées.

55.

Les effets peuvent être fournis par l'officier chargé de la masse d'entretien.

Les capitaines auront la faculté de s'adresser à celui chargé de la masse d'entretien, pour tirer de son magasin, sous l'autorisation du conseil d'administration, les effets de petit équipement dont ils pourraient avoir besoin, à charge d'en payer le prix, sur le montant de la masse du linge et chaussure de leur compagnie.

Les bons que les capitaines pourront délivrer sur celui chargé de la masse d'entretien, pour effets de petit équipement, seront acquittés par le le quartier-maître, et imputés sur-le-champ au compte de la compagnie qui aura reçu les effets.

Le capitaine chargé de la masse d'entretien, fera aussitôt remplacer dans son magasin les effets dont il aura reçu le prix, et cet objet ne fera point article dans sa comptabilité vis-à-vis du conseil d'administration, mais il y sera porté pour mémoire seulement, tant en recette qu'en dépense, afin que le conseil puisse toujours connaître tous les mouvemens du magasin.

56.

Prix égaux dans les compagnies.

Le conseil d'administration tiendra la main, à ce que le prix des effets, ainsi que les façons, soient égaux dans toutes les compagnies; pour cet effet, les capitaines lui rendront un compte exact de leurs opérations à cet égard, pour qu'il puisse les redresser et les régulariser selon le besoin.

57.

Proportion des effets façonnés.

Les différens effets de linge et chaussure, ou petit équipement, seront façonnés dans les proportions déterminées par les réglemens précédens, concernant l'habillement, jusqu'à ce qu'il en ait été autrement ordonné.

58.

Mesures de guêtres et souliers.

On prendra mesure à chaque homme, pour les guêtres et pour les souliers; et les ouvriers se conformeront au modèle qui sera établi pour cet effet dans le corps.

Les effets ne seront reçus qu'autant qu'ils auront été essayés en présence du fourrier, et reconnus bien conditionnés.

59.

Décompte du linge et chaussure.

Le décompte du linge et chaussure aura lieu quatre fois l'année, au 1.er vendémiaire, au 1.er nivôse, au 1.er germinal et au 1.er messidor.

60.

Fonds de masse à retenir sur le décompte.

Aucun sous-officier ou soldat ne recevra de décompte, qu'il n'ait à sa masse; savoir, chaque sous-officier d'infanterie, et chaque sous-officier et soldat des troupes à cheval, vingt-sept francs, et chaque soldat d'infanterie et d'artillerie, dix-huit francs, et son sac garni: en conséquence, avant de procéder au paiement dudit décompte, le commandant du corps devra s'assurer du bon état des sacs, par une revue exacte des effets de chaque compagnie; et de la situation des masses, par l'inspection du compte particulier de chaque homme.

61.

Feuille de décompte par compagnie.

Le décompte général du linge et chaussure par compagnie, sera établi sur une feuille en forme de tableau, conforme au modèle n.° 21.

Cette feuille sera nominative, et contiendra, homme par homme, le montant des effets du linge et chaussure qui lui auront été délivrés, et la situation de sa masse, dont la partie seule qui excédera les vingt-sept et dix-huit francs, pourra être l'objet du décompte.

Ladite feuille sera signée du commandant de la compagnie, et présentée tous les six mois au conseil d'administration.

62.

Vérification du décompte par le conseil.

Lorsque cette feuille du décompte à faire à chaque compagnie aura été mise sous les yeux du conseil d'administration, le conseil, après s'être assuré de l'exactitude des détails y portés, ordonnera, par une délibération, le paiement à chaque homme, à titre de décompte, de ce qui se trouvera excéder le fonds de la masse des vingt-sept et dix-huit francs ci-dessus mentionnés.

63.

Paiement du décompte.

En conséquence de ladite délibération, le quartier-maître remettra au commandant de chaque compagnie le montant du décompte de linge et chaussure de sa troupe, pour en faire la distribution, dont il sera fait deux expéditions, conformément à la feuille n.° 21; l'une desquelles demeurera entre les mains du commandant de la compagnie, et l'autre en celles du quartier-maître, pour leur décharge respective.

Le montant desdits décomptes sera porté en dépense sur le registre-journal général à la colonne du linge et chaussure, et sur le tableau D.

64.

Pièces justificatives de l'emploi de la masse de linge et chaussure.

Les sommes composant la recette de la masse de linge et chaussure, seront justifiées par le montant du produit de la retenue du linge et chaussure, suivant les décomptes de la solde, et le dépouillement établi sur les feuilles de subsistance.

La dépense sera justifiée par les doubles des feuilles de décomptes n.° 21, signées par les commandans des compagnies, et acquittées en vertu de la délibération du conseil.

Masse de ferrage et médicamens.

65.

Sa formation.

La masse de ferrage et médicamens sera fixée à quinze francs par homme, en campagne, et à douze francs dans l'intérieur.

Ces sommes seront payées au complet des corps, et comprises dans les revues : elles seront déduites du montant de la masse des remontes, établie par la loi du 27 fructidor an 7.

66.

De la vente des fumiers.

La vente des fumiers devant accroître la recette de la masse de ferrage et médicamens, lorsque les corps à cheval seront dans des garnisons ou quartiers, il sera procédé à cette vente, par un marché, par adjudication, si l'objet en vaut la peine, ou à forfait, par-devant le maire du lieu, qui délivrera au conseil d'administration, un certificat du produit de la vente, pour servir de pièce justificative de cette partie de la recette.

67.

Objets dont ladite masse sera chargée.

La masse de ferrage et médicamens sera chargée de l'achat et de l'entretien des objets ci-après :

Du ferrage,
Des médicamens,
Des bridons d'écurie,
Des licous et longes,
Des pelles,
Des balais,
Des civières, barres, fanaux et lumières d'écurie.

Ladite masse fournira également à chaque homme, en arrivant au corps,

Une brosse,
Une étrille,
Une éponge,
Des ciseaux,
Et un peigne d'écurie.

Il sera chargé ensuite de s'en entretenir à son compte.

Cette masse s'accroîtra du produit de la vente des fumiers.

La troupe n'aura droit à aucun décompte sur la masse de ferrage.

68.

Paiemens faits par le quartier-maître sur la masse de ferrage et médicamens.

Le quartier-maître portera régulièrement sur son journal général, à la colonne de la masse de ferrage et médicamens, toutes les sommes qu'il aura payées à compte de cette masse, sur les bons de l'officier chargé de ce détail.

69.

Ferrage des chevaux.

Le ferrage des chevaux sera réglé par le conseil d'administration, à raison d'un prix fixe par mois et par chaque cheval présent au corps.

Les maréchaux seront tenus, au moyen dudit prix, de ferrer à neuf, et d'entretenir le ferrage de tous les chevaux de troupe, à l'exception du premier ferrage des chevaux de remonte, pour lequel il leur sera accordé un supplément, réglé à la moitié d'un fer neuf.

Ils seront payés, tous les mois, du montant de leurs salaires, sur les bons du capitaine. Le quartier-maître formera un relevé général desdits bons, qu'il soumettra au conseil d'administration, lequel en approuvera la dépense, après l'avoir vérifiée, et le montant en sera porté sur le registre-journal général, au compte de cette masse.

70.

Surveillance du ferrage des chevaux.

Au moyen de l'abonnement réglé par le maréchal-expert, le ferrage des chevaux de troupes devra être entretenu en bon état; en conséquence, les commandans de compagnies, et l'officier chargé du détail de la masse de ferrage, veilleront à l'exécution de cette disposition.

71.

Journal de l'officier chargé du détail de la masse de ferrage.

L'officier chargé du détail de la masse de ferrage et médicamens, tiendra un journal conforme au modèle n.° 11, pour servir à l'enregistrement des recettes et dépenses en nature, de tous les objets d'approvisionnement relatifs à l'emploi de cette masse.

72.

Achats de médicamens.

Le capitaine chargé supérieurement des détails de l'habillement, fera faire les emplettes en gros, des drogues les plus usuelles, d'après les ordres qu'il recevra à cet effet du conseil d'administration.

73.

Distribution des médicamens.

L'artiste vétérinaire du corps, n'administrera aucun remède cher, et ne fera aucune opération majeure, sans, au préalable, y avoir été autorisé par l'officier chargé de cette partie, lequel rendra compte au conseil d'administration, des maladies dont le traitement entraînerait plus de dépense que la valeur intrinsèque du cheval.

Le conseil en informera l'inspecteur général, qui donnera des ordres à ce sujet, après avoir pris ceux du Ministre.

74.

Vérification des effets neufs.

L'officier chargé du détail de la masse de ferrage et médicamens, s'assurera de la bonne qualité des effets neufs qui entreront au magasin, soit qu'ils proviennent d'achats particuliers, soit qu'ils aient été façonnés au corps.

75.

75.

Remplacement des effets.

Les conseils d'administration n'ordonneront de remplacement, qu'après qu'ils auront été reconnus indispensables, par des visites faites tous les trois mois par les officiers supérieurs.

76.

Réparations.

Quant aux objets à la charge de la masse de ferrage et médicamens, qui sont susceptibles de réparations, le commandant de chaque compagnie les fera présenter sur-le-champ à l'officier chargé du détail, qui délivrera un bon à réparer pour le maître sellier.

Cet ouvrier formera, tous les mois, un état par compagnie, de ces réparations, et le portera, avec les bons à l'appui, chez l'officier chargé du détail de la masse, qui vérifiera si les prix ne sont pas trop forts, et en fera payer aussitôt le montant par le quartier-maître.

77.

Pièces justificatives des recettes et dépenses de la masse de ferrage et médicamens.

La recette de la masse de ferrage et médicamens sera constatée par le décompte des revues de solde, et par le certificat de la vente des fumiers. La dépense le sera, tant par les acquits du maître maréchal, que par ceux des fournisseurs, et les reçus des capitaines, pour les objets délivrés à leurs compagnies.

TITRE V.

Détails d'ADMINISTRATION INTÉRIEURE des Compagnies.

ARTICLE 1.er

Vigilance des capitaines commandans et autres officiers, sur tous les détails.

Les capitaines, et les officiers qui les remplacent en cas d'absence, sont chargés et responsables de tous les détails relatifs à la subsistance et à l'entretien de leur compagnie. Il leur est enjoint, en conséquence, de diriger ces détails avec ordre et économie, sous l'autorité des officiers supérieurs, et de tenir la main à ce que les fournitures qui sont dues à leur troupe, lui soient délivrées avec exactitude, et dans les qualités et quantités prescrites par les réglemens.

Ils répondront particulièrement au conseil d'administration, de l'emploi des deniers appartenant à chacun des hommes dont leur compagnie sera composée.

2.

Le prêt fait exactement, et le pain distribué de même.

Le premier soin du capitaine portera sur le prêt, sur l'exactitude à le faire, et sur la manière de l'employer.

Il sera fait tous les cinq jours, et le pain distribué tous les quatre jours.

Les états particuliers de l'un et de l'autre seront dressés par les fourriers, et le capitaine en fera fardement la vérification sur la feuille de subsistance, n.° 2, puisqu'elle doit contenir toutes les mutations et les mouvemens de la compagnie.

Il fera donc attention au nombre des absens par congé, ou aux hôpitaux, pour lesquels il ne doit point être pris de pain, et aux accroissemens et réductions, que les mouvemens survenus entre deux prêts pourraient occasionner.

3.

Emploi du prêt.

Les officiers de décade devant répondre des abus qui pourraient se glisser dans la dépense du prêt, veilleront à l'emploi qui en sera fait par les chefs de chambrées, et ne permettront, sous aucun prétexte, qu'il en soit distrait la plus légère partie, si ce n'est par les ordres exprès du conseil d'administration.

On joint ici, sous le n.° 19, un exemple de l'emploi du prêt, pour indiquer de quelle manière cet objet doit être régulièrement établi.

4.

Qualité des alimens et leur quantité.

Les officiers de décade examineront avec soin, si la qualité des alimens est bonne et saine, si la quantité en est proportionnée au nombre d'hommes qui compose l'ordinaire, et si la dépense est fidellement écrite sur le cahier destiné à cet usage, suivant le modèle n.° 19.

Ils exigeront que le chef de la chambrée mène avec lui un homme pour porter les provisions.

Les provisions seront payées comptant, en présence dudit homme, dont la corvée roulera sur tout l'ordinaire.

Enfin, le capitaine se fera remettre, tous les mois, un certificat des bouchers et des boulangers, pour attester qu'il ne leur sera rien dû par les soldats de la compagnie.

5.

Feuille de subsistance, son usage.

La feuille de subsistance, établie par l'article 4 du titre III, que le capitaine de chaque compagnie est tenu de former, pour arrêter, avec le quartier-maître, le décompte de subsistance de la compagnie, remplira le double objet de le mettre en état de suivre, jour par jour, l'emploi des deniers destinés à la solde de sa troupe, au moyen de l'exactitude avec laquelle il fera porter sur ladite feuille, en sa présence, et tous les matins, par le fourrier, les mutations et les événemens de la veille, à côté du nom des hommes auxquels ils auront rapport, et de former, tous les trois mois, la feuille de contrôle prescrite par le réglement concernant les revues, pour servir à l'établissement de la revue des inspecteurs.

Il aura soin également d'y faire inscrire le montant de chaque prêt, et la quantité de rations de pain délivrée par chaque distribution; et il y trouvera toutes les notes dont il aura besoin, pour connaître le compte de chaque homme par journée, en former le décompte en argent, s'assurer de la somme absorbée pour la solde des présens, et de celle destinée pour acquitter les journées d'hôpital.

Le nombre de journées des présens indiquera celui des rations de pain qui reviendront à la compagnie; et le relevé des distributions, celui des rations fournies.

6.

Ordinaire des sous-officiers.

Les sous-officiers feront ordinaire entre eux, en se réunissant par deux compagnies.

7.

Frater et blanchissage.

Le traitement du frater, dans chaque compagnie, ainsi que les frais du blanchissage des chemises, seront à la charge de l'ordinaire.

8.

Les capitaines commandans responsables de toutes les parties de l'habillement, équipement et armement.

Les capitaines seront responsables envers le commandant du corps, de la tenue et de l'entretien de toutes les parties de l'habillement, équipement tant de l'homme que du cheval, et armement de leur compagnie.

Ils donneront des reçus de toutes les fournitures qui seront faites à leur troupe, certifieront le travail des réparations, et se concerteront, pour ces différens objets, avec les officiers chargés par le conseil d'administration, des détails qui y seront relatifs.

9.

Registre de compagnie.

Pour réunir sous leurs yeux tous les détails de leurs compagnies, et pour les suivre plus facilement, les capitaines tiendront deux registres: le premier, conforme au modèle n.° 17, qui s'appellera *Contrôle de signalement des hommes et des chevaux;* le second, conforme au modèle n.° 18, qui s'appellera *Registre particulier du détail de la compagnie.*

Ce dernier sera divisé en douze ou quatorze parties, selon les différentes armes, qui contiendront les détails suivans;

SAVOIR:

1.° Le compte particulier des sous-officiers et soldats;
2.° L'état des sommes en dépôt à la masse du linge et chaussure de chaque homme;
3.° L'état des effets de linge et chaussure;
4.° L'état des effets d'habillement;
5.° L'état des effets de l'équipement de l'homme et de l'armement;
6.° L'état du harnachement dans les troupes à cheval;
7.° L'état des hommes à l'hôpital du lieu;
8.° L'état des hommes aux hôpitaux externes;
9.° L'état des hommes détachés;
10.° L'état des hommes en congé;
11.° L'état des prisonniers de guerre;
12.° L'état des distributions et du prêt;
13.° L'état des distributions de fourrage;
14.° L'état des mutations.

10.

Compte particulier de chaque homme.

Les capitaines porteront sur le compte particulier de chaque homme, tous les effets qui lui auront été fournis, et le prix qu'ils auront coûté: ils y ajouteront tout ce qui lui reviendra du décompte de son linge et chaussure, pour former la balance de la dépense avec la recette. Le résultat indiquera ce que chaque homme aura à sa masse de linge et chaussure.

11.

Livret de chaque homme pour la recette et dépense.

Chaque homme aura un livret de sa recette et dépense, n.° 20, qui devra se trouver conforme au compte établi sur le registre de la compagnie.

Les fourriers y inscriront tous les effets, à mesure qu'ils les délivreront.

Ces livrets seront présentés aux capitaines, lorsqu'ils voudront faire la vérification des décomptes de leur compagnie.

12.

Vérification et publicité des décomptes.

Les capitaines procéderont à la vérification des décomptes, tous les trois mois, en présence de chaque homme. Le registre de compagnie, n.° 18, l'état nominatif de l'habillement, n.° 12, et le livret des soldats, n.° 20, seront comparés ensemble; et après la vérification des décomptes, ils seront affichés dans les chambrées.

13.

Fonds de masse de chaque homme.

Les capitaines prendront soin de fournir à chacun des hommes de leur compagnie un fonds de masse, ainsi que le porte l'article 60 du titre IV du présent réglement.

14.

Composition du sac des sous-officiers et soldats.

Il sera fourni, par la masse d'entretien, à chaque homme de nouvelle levée, le nombre d'effets ci-après :

Deux chemises ;
Un col noir ;
Une paire de bas de fil ou de coton ;
Une paire de bas de laine ;
Deux paires de souliers ;
Une paire de guêtres de toile grise, dans l'infanterie seulement ;
Une paire de guêtres d'estamette noire ;
Un sac de toile pendant la guerre ;
Un sac de peau, dans l'infanterie seulement ;
Deux cocardes.

Dans le cas où un homme de nouvelle levée se trouverait pourvu de tout ou partie des effets ci-dessus, la masse lui tiendra compte du prix de ceux qu'elle ne lui délivrerait pas, et le montant en sera porté à son bénéfice sur la masse du linge et chaussure.

Au moyen des effets qui auront été fournis à chaque homme en arrivant au corps, et de la retenue qui sera faite sur la solde de l'entretien du linge et chaussure, le sac des sous-officiers et soldats sera composé des effets ci-après :

Trois chemises ;
Un col noir ;
Trois cols blancs ;
Deux paires de bas de fil ou de coton ;
Une paire de bas de laine ;
Deux paires de souliers ;
Une paire de guêtres de toile grise, dans l'infanterie seulement ;
Une paire de guêtres d'estamette noire ;
Un sac de toile pendant la guerre ;
Un sac de peau, dans l'infanterie seulement ;
Deux cocardes, dont une au chapeau,
Et des menus objets nécessaires à la tenue.

Lesdits effets seront tous marqués de la lettre alphabétique de la compagnie, et du numéro de l'homme.

L

L'entretien des effets est uniquement confié à la vigilance des officiers de la compagnie. Le capitaine en ordonnera le remplacement, mais toujours en proportion des facultés de l'homme.

Dans les troupes à cheval, l'entretien des effets d'écurie, qui auront été fournis à chaque homme en arrivant au corps, seront pareillement à sa charge.

15.

Il ne sera accordé de congé qu'aux hommes en état de faire leur route.

Les commandans des compagnies auront attention de ne point demander des congés pour leurs sous-officiers ou soldats, qu'autant que les uns et les autres seront pourvus, à l'instant du départ, de bas, de souliers, et d'argent pour la route.

Le détail de leurs effets sera mis au dos de leur cartouche ; au moyen de quoi, il ne leur sera rien fourni en route, à titre de subsistance ou chaussure, à moins de quelque cause extraordinaire, dont mention sera faite au dos de la cartouche de chaque homme, ainsi qu'il a été réglé précédemment.

16.

Contrôle du linge et chaussure des divisions, subdivisions et escouades.

Les différentes divisions des compagnies, ayant principalement pour but la police, la tenue et l'administration intérieure, les lieutenans et sous-lieutenans dans leurs divisions, les sergens ou maréchaux-des-logis dans leurs subdivisions, et les caporaux et brigadiers dans leurs escouades, en surveilleront toutes les parties, et chacun d'eux tiendra un contrôle, dans la forme du modèle n.° 3 du registre particulier des compagnies, où seront inscrits les noms des hommes, et la situation de leurs effets de linge et chaussure, afin d'être en état de les vérifier, et d'en rendre compte à leurs supérieurs.

Ces contrôles seront renouvelés tous les trois mois.

17.

Compte du soldat mort ou déserté.

Dès qu'un soldat sera mort ou déserté, son compte sera arrêté sur-le-champ, en présence du capitaine, qui fera vérifier l'état du sac ou porte-manteau, d'après la feuille mentionnée en l'article précédent; et ledit sac ou porte-manteau sera retiré par le fourrier.

Les effets du petit équipement seront vendus dans la compagnie, et le produit sera versé à la masse d'entretien.

Les effets des hommes désertés, ne seront vendus qu'après qu'ils auront été contumacés ; et en cas de retour après ce délai, il ne leur sera tenu compte que du montant de la vente, qui sera pris sur la masse d'entretien.

Quant au décompte du linge et chaussure dû aux hommes morts ou désertés, ou congédiés étant chez eux, il sera versé à la masse d'entretien.

TITRE VI.

DES DISTRIBUTIONS.

ARTICLE 1.er

Registre des distributions.

Les fournitures du pain, du chauffage, du riz, de la viande, du vinaigre, de la paille, du fourrage et autres, tant en garnison qu'en campagne, seront enregistrées sur le journal du quartier-maître, coté E, à l'article des distributions.

Cet enregistrement servira au quartier-maître, à justifier, tous les trois mois, au conseil d'administration, des quantités délivrées à chaque compagnie, d'après les bons du capitaine, et les reçus de l'officier de la compagnie qui aura été présent à la distribution.

Les bons acquittés seront retirés par le quartier-maître, après chaque distribution, et il donnera un reçu général de la fourniture.

2.

Officier qui doit y assister par compagnie.

En conséquence, les lieutenans et sous-lieutenans de chaque compagnie seront tenus d'assister, à tour de rôle, à chaque distribution, et ne pourront s'en dispenser, que dans le cas où ils seraient commandés pour un service militaire; auquel cas ils seraient remplacés par le fourrier, lequel devra toujours s'y trouver.

L'officier ou le fourrier présent à la distribution, donnera, au bas du bon du capitaine, son reçu des quantités fournies, lorsque la distribution aura été complétée; et quand elle ne l'aura pas été, il ne donnera qu'un récépissé d'à-compte, et gardera le bon jusqu'au complément de la fourniture.

3.

Note tenue par le capitaine.

Le capitaine tiendra note des bons qu'il aura délivrés, et des quantités fournies en conséquence, et la portera régulièrement sur le n.° 12 de son registre particulier de compagnie.

4.

Forme et vérification des distributions.

A chaque distribution, les poids, mesures et quantités des fournitures, seront vérifiés par l'officier commandé à cet effet sur tout le corps.

Le quartier-maître dressera l'état général de la distribution, d'après les bons des capitaines, conformément à l'article 1.er du présent titre.

Le décompte de tous ces objets sera fait tous les trois mois par le quartier-maître, et arrêté par le conseil d'administration avec le fournisseur.

5.

Ordre et police des distributions.

L'ordre et la police qui doivent être observés dans les distributions, y seront maintenus, d'après les règlemens concernant la discipline militaire : et les commandans des corps seront responsables des désordres qui pourraient s'y commettre.

6.

Il sera fourni, tous les trois mois, par les soins du conseil d'administration, un état conforme au modèle n.° 22, par relevé de l'article 8 du journal des mouvemens et distributions, coté E, contenant toutes les distributions qui auront été faites à la troupe, tant en subsistances pour les hommes, qu'en fourrage pour les chevaux, pendant le trimestre précédent.

Cet état, certifié par les membres du conseil d'administration, sera adressé à l'inspecteur, en double expédition, dont il en fera passer une, visée de lui, au comité central des inspecteurs généraux, avec sa revue.

TITRE VII.

Clôture de la Comptabilité.

ARTICLE Ier

Vérification et arrêté provisoire des registres par les inspecteurs.

Tous les registres généraux de comptabilité mentionnés dans le présent règlement ; savoir, le registre des délibérations du conseil, le registre de caisse, et le journal général du quartier-maître, seront vérifiés et arrêtés provisoirement, tous les trois mois, par l'inspecteur qui aura fait la revue du corps.

Le tableau général par compagnie, de la situation de la masse du linge et chaussure, et le registre des effets d'habillement, équipement et armement, seront visés par lui.

2.

Conseil pour arrêter la comptabilité.

En conséquence, aussitôt après la liquidation des comptes, il sera convoqué, tous les trois mois, un conseil d'administration, auquel assistera l'inspecteur, s'il est sur les lieux, et où il sera procédé, en sa présence, à l'examen et vérification de toutes les recettes et dépenses, tant de la solde que des masses, ainsi que des pièces qui devront en justifier.

3.

Forme des arrêtés provisoires.

Ladite vérification faite, le conseil d'administration certifiera le résultat de de chaque registre, dans la forme établie sur les modeles, et il fera viser toutes les pièces justificatives par un membre du conseil.

L'inspecteur mettra ensuite son arrêté provisoire au bas de chaque registre, dont il visera aussi les pièces justificatives; et lesdites pièces seront réunies et gardées, pour être représentées à l'inspecteur général, lors de l'arrêté définitif de la comptabilité.

4.

Résultat des masses, adressés aux inspecteurs généraux.

L'inspecteur formera, aussitôt après son arrêté provisoire susdit, un résultat de la situation des masses de chaque corps, et l'adressera à l'inspecteur général de l'arrondissement.

5.

Comment il sera procédé en l'absence des inspecteurs.

En l'absence de l'inspecteur, le conseil d'administration procédera également à l'examen et vérification des recettes et dépenses, certifiera le résultat de chaque registre, et laissera la place nécessaire, pour que l'inspecteur puisse y ajouter son arrêté provisoire à la prochaine revue, et viser les pièces justificatives.

Le conseil rendra compte à l'inspecteur de son opération, et lui fera passer en même temps le résultat de la situation des masses, signé de tous les membres du conseil, pour être pareillement adressé à l'inspecteur général.

6.

Forme des arrêtés définitifs.

A l'époque de la revue de l'inspecteur général, et au jour qui sera par lui fixé, le conseil d'administration de chaque corps, et l'inspecteur qui en aura fait la revue, s'assembleront, en présence dudit inspecteur général.

Le conseil d'administration mettra sous les yeux de l'inspecteur général, les différens registres ci-dessus mentionnés, avec les pièces justificatives des arrêtés provisoires qui y auront été mis, en exécution de l'article ci-dessus.

Lorsque le tout aura été de nouveau vérifié, en présence de l'inspecteur général, l'inspecteur mettra au bas de chaque registre, un arrêté définitif, conforme à ceux établis sur les modeles. Cet arrêté sera signé de lui, et approuvé par l'inspecteur général.

Au moyen de cette opération, la comptabilité de l'année sera close et terminée définitivement, et le conseil déchargé de son administration.

Les acquits et décharges seront conservés au corps, pendant deux années, à l'expiration desquelles ils seront brûlés.

TITRE VIII.

De l'Ordre à observer dans l'Administration intérieure, en cas de division d'un corps, par la séparation d'un bataillon ou escadron, ou d'un simple détachement.

Séparation d'un bataillon ou escadron, à une distance hors du territoire de la République.

ARTICLE 1.er

Séparation d'un bataillon.

Création d'un conseil.

Lorsqu'un bataillon devra se séparer du corps, pour passer les mers, il lui sera créé un conseil d'administration extraordinaire, composé,

Du chef de bataillon,
Des deux plus anciens capitaines,
Du plus ancien lieutenant ou sous-lieutenant,
Du plus ancien sous-officier.

Total. . cinq.

Le conseil du corps restera pour lors composé des cinq membres des deux bataillons restans.

Dans le cas de séparation des trois bataillons, chaque bataillon formera son conseil, conformément à ce qui est réglé au commencement de cet article, à l'exception que dans le bataillon où se trouvera le chef de brigade, ce sera lui qui présidera le conseil.

Le conseil sera tenu de se conformer à tout ce qui est prescrit au conseil ordinaire, par les dispositions qui précèdent.

Si, dans les corps de cavalerie, un escadron avait ordre de sortir du territoire de la République, ou de passer les mers, il lui sera créé un conseil d'administration, composé ainsi qu'il suit:

Du chef d'escadron,
Du plus ancien capitaine,
Et du plus ancien sous-officier de l'escadron.

Total. . trois.

Le conseil du corps restera composé de cinq membres qui seront, pour les corps à trois escadrons,

Le chef de brigade,
Les deux plus anciens capitaines,
Le plus ancien lieutenant,
Et le plus ancien sous-officier.

Total. . cinq.

Dans les corps de quatre escadrons, le conseil d'administration se formera, pour les trois restant en France, de la même manière que dans un corps de trois escadrons.

2.

Assemblée du conseil avant la séparation.

Avant la séparation, le conseil du bataillon ou escadron qui devra partir, s'assemblera en même temps que celui du corps, à l'effet de procéder à la division des masses de linge et chaussure et d'entretien, et de celle d'écurie.

L'enregistrement des sommes provenant du partage, sera fait sur les registres respectifs; et le résultat de toute cette opération, sera inscrit, en forme de procès-verbal, en tête du registre des délibérations du conseil du bataillon ou escadron partant, et signé par les membres des deux conseils.

3.

Signalemens remis au commandant du bataillon ou escadron.

Il sera remis au commandant du bataillon ou escadron détaché, l'état des signalemens de sa troupe, avec des billets d'hôpitaux et des cartouches de congés.

4.

Comment pourvu à son habillement.

Il sera pourvu, par les ordres du ministre de la guerre, à l'habillement et équipement neufs dudit bataillon ou escadron, en raison des climats où il devra servir.

5.

État de situation de l'habillement, équipement et armement.

Les officiers chargés des détails de l'habillement, équipement et armement général, remettront à ceux chargés des mêmes détails dans le bataillon ou escadron partant, les états de situation de tous ces objets, par rapport à chacune des compagnies qui le composent.

Ces états seront doubles, et signés respectivement par lesdits officiers, qui en garderont, de chaque côté, une expédition, pour leur servir de pièces justificatives vis-à-vis des deux conseils d'administration.

6.

Remplacement de l'habillement, équipement et armement.

Le conseil d'administration du bataillon ou escadron séparé, se conformera, pour les remplacemens et réparations de l'habillement, équipement et armement de sa troupe, aux dispositions du présent règlement.

7.

Linge et chaussure.

Les effets de linge et chaussure, ou de petit équipement des soldats du bataillon ou escadron détaché, seront mis en bon état avant leur départ : ce qui pourrait leur revenir de leur fonds de masse, sera remis au conseil d'administration dudit bataillon ou escadron, qui en donnera sa reconnaissance ; et mention en sera faite par le conseil sur le registre des délibérations.

8.

Compte à rendre lors de la réunion des deux conseils.

Lorsque les bataillons ou escadrons se réuniront, le conseil du bataillon ou escadron détaché, avant de cesser ses fonctions, rendra compte à celui du corps, de son administration, pendant tout le temps de leur séparation.

L'inspecteur aux revues, s'il est sur les lieux, sera présent au conseil qui sera tenu à cet effet.

Après vérification faite par le conseil d'administration du corps, des registres relatifs aux recettes et dépenses du bataillon ou escadron réuni, et des pièces à l'appui, lesdits registres seront arrêtés provisoirement par l'inspecteur, s'il est présent ; sinon, lors de sa prochaine revue.

Le quartier-maître fera aussitôt l'enregistrement des différentes sommes versées dans la caisse du corps ; et tous ses registres seront conservés, pour être présentés à l'inspecteur général, et arrêtés définitivement en sa présence, dans les formes ci-devant prescrites concernant la comptabilité.

Immédiatement après l'arrêté provisoire des comptes du bataillon ou escadron rentré, le conseil se formera suivant les dispositions de l'article 2 du titre I.er du présent règlement.

9.

Compte à rendre lors de la réunion des trois conseils.

Lorsque les trois bataillons viendront à se réunir en même lieu, après leur séparation, les trois conseils s'assembleront en présence de l'inspecteur, s'il est sur les lieux, et procéderont à la vérification de leurs comptes respectifs, en commençant par ceux du premier bataillon, et finissant par ceux du troisième.

Cette opération terminée, le conseil du corps se formera suivant les dispositions de l'article 2 du présent règlement ; et les résultats des trois comptes ci-dessus, seront portés, par son ordre, sur les registres du corps qui auront été suivis dans le premier bataillon.

La même marche sera observée par les corps de troupes à cheval, auxquels se réunira l'escadron qui en aurait été détaché.

10.

Séparation d'un détachement.

Dans le cas de la séparation d'un simple détachement, les officiers qui le commanderont, en formeront le conseil d'administration, et suivront, autant que faire se pourra, les règles qui viennent d'être établies, tant pour

pour la tenue de leur comptabilité, que pour les comptes à rendre à leur retour.

Séparation d'un bataillon ou escadron dans l'intérieur.

11.

Le conseil d'administration fixé au 1.er bataillon ou escadron.

Lorsque les trois bataillons d'un corps d'infanterie, ou les divers escadrons d'un corps à cheval, seront séparés l'un de l'autre, et même dispersés dans différens quartiers sur le territoire de la République en Europe, l'île de Corse exceptée, leur administration générale demeurera entre les mains du conseil, qui résidera toujours au premier bataillon ou escadron, et restera composé comme avant sa séparation.

Dans le cas où un officier, membre du conseil, serait commandé pour aller en détachement, il sera remplacé au conseil par l'officier ou sous-officier qui le suivra en ancienneté de grade.

12.

Officier chargé du détail dans le bataillon ou escadron détaché, ou simple détachement.

Le conseil d'administration donnera aux commandans des détachemens une instruction, dont ils ne devront point s'écarter, avec des cartouches de congé limité et des billets d'hôpitaux, et nommera un officier pour en gérer le détail.

13.

Revues de subsistances et décomptes.

Les revues de solde, et les décomptes du payeur, seront faits au premier bataillon ou escadron, comme si le corps était rassemblé : à cet effet, les inspecteurs employés dans les villes ou quartiers où seront les détachemens, se conformeront à ce qui est prescrit par le règlement, concernant les revues.

14.

Effets d'habillement et équipement, comment fournis.

Les bataillons ou escadrons détachés, ou autres détachemens particuliers, recevront, par les soins du conseil d'administration du corps, tous les effets d'habillement et équipement qui devront leur revenir, d'après le travail général.

Lorsque les bataillons, escadrons ou détachemens, seront trop éloignés, pour que le conseil d'administration puisse commodément leur fournir les effets confectionnés, et faire exécuter les réparations dont ces effets auront besoin, le conseil autorisera le commandant du bataillon, escadron ou détachement, à y faire procéder, au moyen des étoffes qu'il lui fera tenir, et des fonds de la masse d'entretien qu'il mettra à sa disposition.

15.

Surveillance de l'officier chargé du détail de l'habillement et équipement.

L'officier chargé des détails de l'habillement, équipement et armement, se transportera, deux fois l'année, si la distance le permet, au bataillon ou escadron détaché, ou autre détachement, pour arrêter, avec chaque fourrier, l'état de situation de ces objets.

Le maître armurier s'y rendra tous les trois mois, pour faire les réparations de l'armement, à moins qu'il ne se trouve sur les lieux des armuriers en état de faire ces réparations, à des prix convenables, approuvés par le conseil.

Dans tous les cas, il sera rendu un compte exact de tous ces détails à l'officier qui en est chargé, afin qu'il puisse en faire entrer les dépenses dans son compte, tant en deniers qu'en effets.

16.

Détails de l'administration intérieure des compagnies.

Tous les détails d'administration de l'habillement et de l'équipement, du harnachement du cheval et de l'armement, et autres frais à la charge de la masse d'entretien, les fournitures du pain, du chauffage, du fourrage et autres, et les décomptes du linge et chaussure, seront constatés, pour le bataillon ou escadron détaché, ou pour les détachemens, d'après les mêmes principes, et dans les mêmes formes que pour tout le corps.

17.

Registre de recette et dépense du bataillon ou escadron détaché.

L'officier chargé du détail particulier du bataillon ou escadron détaché, ne tiendra qu'un seul registre-journal de recette et dépense, pour toutes les recettes et dépenses dudit bataillon ou escadron détaché, dans la forme prescrite pour le journal du quartier-maître, en en retranchant les colonnes de détails, lesquelles ne seront établies qu'au corps, au moyen de la copie de ce journal qui y sera envoyée tous les mois, en désignant la somme demeurée en caisse.

18.

États à remplir par l'officier chargé du détail.

L'officier susdit remplira le registre de solde, dans la forme du registre coté D. Aussitôt que les décomptes des compagnies seront terminés, il les fera passer au quartier-maître, afin de lui donner le moyen de remplir le registre général de solde du corps.

19.

Réunion des bataillons ou détachemens.

Lorsque les bataillons, escadrons ou détachemens, viendront à se réunir au corps, l'officier qui aura été chargé du détail, remettra son registre au quartier-maître, avec les pièces justificatives à l'appui; et les fonds qui lui resteront, seront versés dans la caisse du corps, en présence du conseil d'administration, qui en fera mention sur les régistres des différentes parties, auxquelles lesdits fonds seront relatifs.

Détachemens commandés pour tenir garnison sur les vaisseaux de l'État.

20.

Détachemens de mer, non compris dans les revues.

Les officiers et soldats de toute arme, commandés pour servir sur les vaisseaux de l'État, cesseront, du jour de leur départ du corps, d'être compris dans les revues, si ce n'est pour mémoire seulement; ils subsisteront et seront entretenus au moyen des revues de solde, qui leur seront faites dans les lieux où ils pourront se trouver.

21.

Avances à faire aux détachemens.

Il ne sera fait aucune avance aux détachemens qui devront s'embarquer, que sur un ordre particulier du Ministre de la guerre.

22.

Comptabilité.

L'officier qui commandera le détachement, observera, autant qu'il sera possible, pour la comptabilité des finances de sa troupe, les mêmes formes qui ont été établies, par les dispositions du présent réglement, pour la comptabilité des corps.

23.

Rentrée des détachemens.

A la rentrée d'un détachement, l'officier qui l'aura commandé, présentera ses comptes au conseil d'administration du corps, lequel en fera la vérification provisoire, et les réservera pour être soumis à l'inspecteur, lors de sa prochaine revue.

Lorsque ces comptes auront été ainsi vérifiés, et ensuite arrêtés par l'inspecteur, ils demeureront au corps, pour y avoir recours, en cas de réclamation.

Ces détachemens ne devant être compris dans les revues du corps, que du jour de leur réunion, il leur sera fait une revue particulière, pour servir au rappel de leur solde, à compter du jour où ils auront cessé d'être au compte de la marine, jusqu'à celui de leur rentrée au corps.

Les hommes restés aux hôpitaux de la route, seront compris dans les revues subséquentes du corps, comme étant aux hôpitaux externes, du jour de leur entrée dans lesdits hôpitaux.

Détachement laissé à terre par un corps embarqué.

24.

Détachement laissé à terre, non compris dans les revues.

Lorsqu'un corps commandé pour passer les mers, laissera en France un détachement, les officiers, sous-officiers et soldats qui le composeront, ne seront compris que pour mémoire dans les revues du corps, et seront payés de leur solde sur des revues particulières, qui leur seront faites par les inspecteurs aux revues.

25.

Registres que le quartier-maître laissera au détachement.

Avant le départ du corps, le conseil d'administration fera remettre par le quartier-maître, au commandant du détachement, les différens registres relatifs à son administration.

26.

Compte du commandant du détachement à la rentrée du corps.

Lorsque le corps sera rentré en France, le commandant du détachement rendra compte au conseil de son administration, à partir du dernier compte arrêté par l'inspecteur.

La vérification faite, les résultats en seront portés sur les registres relatifs à chaque objet, et le commandant du détachement déchargé de son administration.

Le premier Consul, signé BONAPARTE. Par le premier Consul, *le Secrétaire d'état*, signé HUGUES B. MARET.

Pour ampliation :

Le Secrétaire général du département de la guerre,

AUG. COLLIGNON.

www.ingramcontent.com/pod-product-compliance
Ingram Content Group UK Ltd.
Pitfield, Milton Keynes, MK11 3LW, UK
UKHW022127170726
13837UKWH00003B/1411

9 782329 213798